Andrea Erkert

Kinder entdecken die Natur

Andrea Erkert

Kinder entdecken die Natur

Erlebnisspiele mit kleinen Kindern

Kösel

ISBN 3-466-30576-4

Druck und Bindung: Kösel, Kempten
Umschlaggestaltung: Elisabeth Petersen, München
Umschlagmotiv: Zefa/Rommel Bengson
Fotos: Andrea Erkert
Illustrationen: Sabine Lohf

Gedruckt auf umweltfreundlich hergestelltem Bilderdruckpapier (säurefrei und chlorfrei gebleicht).

Inhalt

Draußen was erleben

Die Welt, in der Kinder heute groß werden

Wonach soll man am Ende trachten?
Die Welt zu kennen und sie nicht zu verachten.
*Johann Wolfgang von Goethe (*1749, gest. 1832)*

Wenn Sie an Ihre eigene Kindheit denken, können Sie sich bestimmt daran erinnern, wie Sie ungestört in der freien Natur gespielt und dabei die frische Luft eingeatmet haben.

Für unsere Kinder gehören diese unmittelbaren Erfahrungen längst nicht mehr so selbstverständlich zu ihrer Lebenswelt. Vor allem Stadtkinder können aufgrund des gefährlichen Straßenverkehrs nicht spontan im Freien spielen. Sicherlich kann man hier einwänden, dass es in jeder Stadt zwar wenig Grünflächen, aber dafür mindestens einen öffentlichen Spielplatz gibt. Wollen wir aber das Kind und seine Bedürfnisse nicht aus den Augen verlieren, dann sind wir geradezu verpflichtet, die meist kinderleeren Spielplätze einmal genauer unter die Lupe zu nehmen. Dabei werden wir feststellen, dass viele Spielplätze aus einfallslosen, fest installierten Geräten bestehen, die ein fantasievolles Spiel kaum ermöglichen. Zudem sind viele Spielplätze für Kinder zu weit entfernt und ohne eine Begleitperson nicht gefahrlos zu erreichen.

Die wenigsten Spielplätze in der Stadt entsprechen kindlichen Bedürfnissen.

Dadurch, dass die natürlichen Spiel- und Aktionsräume immer mehr verloren gehen, wird die unverplante Zeit der Kinder gerne mit den unterschiedlichsten Freizeitangeboten gefüllt, welche oftmals den Vorstellungen der Erwachsenen entsprechen. Zielstrebig werden die betreffenden Kinder dann von einer Veranstaltung zur anderen gefahren, sodass sie unterwegs keinerlei Gelegenheiten haben, zu bummeln und ihre Freunde zu treffen. Ist die ganze Woche fast verplant, finden die Kinder weder die Ruhe noch die Zeit, sich den Dingen zu widmen, die sie unbeeinflusst tun würden.

Aufgrund dieser Tatsachen ist es nicht verwunderlich, dass zunehmend mehr Kinder den größten Teil ihrer Freizeit im Haus verbringen. Obwohl die ganze Wohnung zum Lebensraum des Kindes gehört und sich als Spielraum eignet, beschränkt sich das Spiel von vielen Kindern auf ihr viel zu kleines, mit Spielzeug überladenes Kinderzimmer. Da aber Kinder sich nicht stundenlang leise beschäftigen können, sondern zwischendurch auch toben und laut sein wollen, bleiben die Beschwerden von lärmempfindlichen Nachbarn nicht aus.

Damit sich nun die Kinder möglichst lange ruhig verhalten, dürfen sie häufig die jederzeit auf Knopfdruck verfügbaren Fernsehsendungen, Videofilme oder Computerspiele benutzen. Anstatt draußen mit Freunden zu spielen, sitzt so manches Kind mit Süßigkeiten in der Hand völlig passiv vor dem Bildschirm. Dabei kommen viele wichtige Erfahrungen aus erster Hand, wie draußen im Dreck wühlen und zu matschen, zu kurz. Zudem erleben Kinder vor dem Bildschirm eine Flut von bewegten Bildern mit zahlreichen Geräuschen, die sie oftmals überfordern. Die Auswirkungen auf das Kind, die aufgrund dieser oder anderer ungünstigen Faktoren entstehen, sind vielfältig und unterschiedlich. So können Kinder, die beispielsweise ihre gefühlsmäßige Anspannung aufgrund eines aufregenden Films nicht wieder abbauen, über Schlafstörungen klagen, Ängste entwickeln und verstärkt zu aggressiven Verhaltensweisen neigen.

Statt mit aktivem Erleben verbringen viele Kinder ihre Zeit mit passivem Zuschauen.

Trotz aller Argumente, die gegen die veränderten Lebensbedingungen der Kinder sprechen können, sollten wir uns darüber im Klaren sein, dass unsere Kinder, die am Anfang des 21. Jahrhunderts heranwachsen, ein fortschrittliches, modernes Leben führen, das vielfältige Möglichkeiten bietet und durchaus sehr angenehm sein kann. Aus diesem Grund dürfen wir die veränderten Freizeitaktivitäten unserer Kinder nicht total verurteilen. Vielmehr sollten wir uns die Frage stellen, wie wir einen Instinkt für das Mittelmaß entwickeln. So kann eine Kindersendung durchaus informativ und pädagogisch sinnvoll sein, solange das Kind mit seinen Fragen nicht alleine gelassen wird und den Apparat zugunsten eines selbst bestimmten Spiels auch wieder ausschalten kann.

Am ganzen Körper fühlen, wie der Herbstwind lustig an uns zerrt, den weichen Matsch zwischen den Zehen spüren, die Schwere und Kühle des Sandes wahrnehmen – nichts ist schöner, als die Natur mit allen Sinnen zu erleben.

Warum brauchen Kinder Naturerlebnisse?

Kein Mensch auf Erden hat mir so viel Freude gemacht
als die Natur mit ihren Farben, Klängen, Düften,
mit ihrem Frieden und ihren Stimmungen.
Sie hat mich gesund und glückselig gemacht.
*Peter Rosegger (*1843, gest. 1918)*

Zugegeben, unseren Kindern, die in den Wohlstand hineingeboren sind, geht es auf den ersten Blick sehr gut. Ihre materiellen Wünsche werden weitgehend erfüllt, sodass sie für nichts kämpfen müssen. Wenn wir aber Kinder in ihrem mit Spielzeug überfüllten Kinderzimmer oder in den oft gut ausgestatteten Kindergartenräumen beobachten, dann können wir feststellen, dass die vorgefertigten Spielsachen für ein aktiv und kreativ spielendes Kind oft nur im Weg sind. Denn viele Spiele, wie beispielsweise das beliebte Puzzle oder Blumensteckspiel, die durchaus zur Förderung von bestimmten Fähigkeiten beitragen können, bieten kaum irgendwelche Spielvarianten, sodass die Kinder ihre anfängliche Spiellust schnell wieder verlieren. Dies wiederum führt dazu, dass die Kinder rasch zu Langeweile und Quengelei neigen.

Anders als vorgefertigte Spielsachen bieten zweckfreie Naturmaterialien viele Variationsmöglichkeiten und kreative Herausforderungen.

Dürfen Kinder jedoch mit Materialien aus der Natur spielen, ergeben sich beinahe wie von selbst immer wieder neue Spielideen. Denn zweckfreie Materialien, wie Steine, Moos und unterschiedliche Holzstücke, wecken die Fantasie und Kreativität des Kindes. Außerdem können Kinder, die sonst ständig ihre Spielorte und Spielpartner wechseln oder zu aggressiven Verhaltensweisen neigen, in der freien Natur viel fantasievoller, ausdauernder und entspannter als in den geschlossenen Räumen spielen. Dadurch, dass sich das Spiel- und Sozialverhalten der Kinder positiv verändert, kommt es auch kaum zu lautstarken oder gar handgreiflichen Auseinandersetzungen zwischen den Kindern.

Naturerlebnisse unterstützen emotionale Ausgeglichenheit, Sozialverhalten und körperliches Wohlbefinden.

Deutlich positive Auswirkungen sind durch die Aufenthalte in der freien Natur auch im körperlichen Bereich zu beobachten. Kinder, die täglich im Freien spielen, trainieren durch die frische Luft und unterschiedliche Witterungsverhältnisse gleichzeitig ihr Immunsystem. Das hat zur Folge, dass die Kinder in der Regel weniger anfällig für Erkältungskrankheiten sind und sich viel besser konzentrieren können.

Außerdem erleben Kinder, die sich im Freien bewegen, verschiedene Situationen, die für sie eine Herausforderung darstellen und ein Sicherheitstraining bedeuten. Auf einem steinigen Weg gehen, einen steilen Hang hinaufklettern oder auf einem Baumstamm balancieren macht nicht nur Spaß, sondern fördert vor allem das Selbstvertrauen und die motorischen Fähigkeiten.

Darüber hinaus werden Kinder, die sich von klein auf mit der Natur spielerisch auseinander setzen, weder Tiere quälen noch töten. Genauso werden sie, wenn sie sich mit der Natur verbunden fühlen, keine Äste oder Zweige sinnlos abknicken bzw. abbrechen. Vielmehr werden die Kinder feinfühlig und sensibel im Umgang mit sich selbst, ihren Mitmenschen, den Tieren und Pflanzen. Ob und wie unsere Kinder eine Beziehung zur Natur herstellen und sich als Teil der Natur erleben, hängt somit von uns allen ab!

Wie Kinder spielerisch die Natur entdecken

Es gibt nichts Totes auf der Welt,
hat alles sein' Verstand,
es lebt das öde Felsenriff,
es lebt der dürre Sand.

Lass deine Augen offen sein,
geschlossen deinen Mund,
und wandle still, so werden dir
geheime Dinge kund.

Dann weißt du, was der Rabe ruft
und was die Eule singt,
aus jedes Wesens Stimme dir
ein lieber Gruß erklingt.

*Hermann Löns (*1866, gest. 1914)*

Auf sinnhafte Weise die Natur entdecken und erleben, sich spielerisch mit den Geschehnissen in der Natur auseinander setzen und die eigene Abhängigkeit von der Natur begreifen, all das sind ganzheitliche Lernerfahrungen, die das naturbewusste Verhalten der Kinder prägen. Um diese Ziele zu erreichen, müssen wir den Kindern schon früh unmittelbare Naturerlebnisse ermöglichen und ihnen ein naturbewusstes Handeln vorleben.

Eine gute Möglichkeit, eigenständige Naturerfahrungen zu sammeln, bieten lebendig gestaltete Grundstückflächen an Kindergärten oder Schulen. Anstelle der einfallslosen Spielgeräte können sich auf dem Gelände beispielsweise eine Weidenhütte, ein Biotop, ein Komposthaufen, eine Holzbaustelle, ein Spielhügel mit Rutsche, ein Kräutergarten, ein Blumenbeet, verschiedene Kletterbäume, unterschiedlich lange Balancierstämme, ein großer Sand-Matsch-Bereich mit Pumpe, ein Sinnespfad, ein Heckenlabyrinth, eine Wildwiese oder zahlreiche Büsche zum Verstecken befinden.

Möglichkeiten für naturnahe Spielgelände gibt es viele.

Damit Kinder mit Tieren vertraut werden, können sich im naturnahen Spielgelände auch größere Tiere wie Hühner und Kaninchen aufhalten. Sicherlich entstehen durch die Pflege und Betreuung dieser Tiere zusätzliche Kosten und mehr Arbeit für das Personal. Allerdings sollte man bedenken, dass Kinder beim Versorgen ihrer Gefährten nicht nur Verantwortung übernehmen lernen, sondern auch aus erster Hand etwas über artgerechte Tierhaltung erfahren.

Neben den täglichen Erfahrungen im naturnahen Spielgelände können zudem geplante Aktionen wie Wald- und Wiesentage dazu beitragen, dass Kinder sich mit der Natur auseinander setzen und ihren Blick für die unscheinbaren Dinge schärfen. Werden solche Aktionen regelmäßig durchgeführt, können die Kinder auch hautnah erleben, wie beispielsweise die Früchte des Baums heranwachsen und bis zur Erntezeit reifen. Dabei erhalten die Kinder wie von selbst ein Gespür für die jahreszeitlich bezogenen Veränderungen in der Natur und einen ganz anderen Bezug zu dem Obst, welches sie verspeisen und bislang vielleicht nur aus der Obst- und Gemüseabteilung des Supermarkts kennen.

Abwechslungsreiche und interessante Ausflüge, bei denen Kinder unmittelbar etwas über die Herkunft der Lebensmittel erfahren, bieten sich u.a. zu einem Bauernhof, einem Imker und einer Mühle an. Außerdem helfen gemeinsame Aktionen, wie beispielsweise Schnitzeljagden, Feste am Lagerfeuer, Müllsammelaktionen, Naturmeditationen, Fantasiereisen und Bewegungsgeschichten zu Naturthemen, das Zusammengehörigkeitsgefühl in der Gruppe zu stärken und Kinder für ihren natürlichen Lebensraum zu sensibilisieren.

Gemeinsame Ausflüge, Aktionen und Spielfeste können besondere Höhepunkte bilden.

Natürlich können Kinder nicht nur draußen Naturerfahrungen sammeln, sondern auch in den Innenräumen der Einrichtung oder zu Hause. Werden im Haus häufig Naturprojekte durchgeführt, vertieft sich das Wissen der Kinder. Hierbei sind die bekannten Tastwege, Tastwände, Memorys und Mobiles aus Naturmaterialien nur einige wenige Beispiele dafür, wie für Kinder ein Stück Natur in den geschlossenen Räumen erfahrbar werden kann.

Neben den Naturerlebnissen, die Kinder eigenständig machen können, bieten sich vor allem Naturerfahrungsspiele an. Dabei werden u.a. das sinnliche Wahrnehmungsvermögen geschärft, jahreszeitliche Veränderungen in der Natur besser verstanden, motorische Fähigkeiten gefördert, die Fantasie anregt, der Bewegungsdrang befriedigt, das Selbstwertgefühl gestärkt sowie das Sozial- und Spielverhalten von Kindern positiv beeinflusst.

Über 100 Naturerfahrungsspiele, die sowohl kindgemäße Erfahrungen und Erlebnisse ermöglichen als auch allen Beteiligten viel Spaß und Freude bereiten, werden in diesem Buch vorgestellt. In den folgenden Kapiteln wird grundsätzlich Wissenswertes für die Praxis vorangestellt, danach folgen abwechslungsreiche, erlebnisorientierte Spielideen rund um die Natur, die sich sowohl für Kindergärten, Grund- und Sonderschulen, Kindergruppen als auch für Familien eignen.

Was wir im Freien mit Kindern beachten sollten

Wer mit Kindern regelmäßig ein nahe gelegenes Wald- oder Wiesenstück in den einzelnen Jahreszeiten erkunden möchte, braucht mindestens eine Begleitperson. Für die Vorbereitung einer solchen Aktion in einer Kindertagesstätte können sowohl die Erfahrungen von anderen Einrichtungen als auch die von Förstern, Jägern oder Umweltpädagogen hilfreich sein. Wenn sich das Team über wesentliche organisatorische und inhaltliche Punkte einig ist und den

Über Ausflüge mit Kindergruppen sollten die Eltern rechtzeitig informiert werden.

Anhaltspunkte für Eltern

Ihr Kind braucht:

- warme und wettergerechte Kleidung
- festes Schuhwerk bzw. Gummistiefel
- Matschhose bzw. Buddelhose für schlechtes Wetter
- Regenkleidung
- im Sommer lange Hosen als Schutz vor Zecken und Stechmücken sowie einen Hut bzw. eine Kappe
- Tee oder Mineralwasser in einer bruchsicheren, gut verschließbaren Trinkflasche
- ein gesundes Vesper in einer wiederverwendbaren Dose
- Papiertaschentücher
- Rucksack oder Kindergartentasche

Träger über das Vorhaben informiert hat, müssen die Eltern der Kinder über die geplante Aktion unterrichtet werden. Dazu eignet sich beispielsweise ein Informationsnachmittag, bei welchem die Eltern auch Fragen stellen können und eine Liste mit den Punkten auf Seite 14 erhalten.

Außerdem empfiehlt es sich, eine separate Liste mit den wesentlichen Utensilien, die für die Aktion erforderlich sind, zu erstellen.

Checkliste für die Einrichtung

- Erste-Hilfe-Tasche
- evtl. Medikamente der Kinder
- Handy für den Notfall
- Karteikarten u.a. mit Rufnummern, Impfungen und Hausarzt der Kinder
- Bollerwagen, evtl. mit Decke
- Toilettenpapier
- Wechselwäsche
- zwei Flaschen Mineralwasser oder Tee
- Taschenmesser
- kleine Schaufel
- Vergrößerungsgläser oder Lupendosen

Diese Liste mag für Eltern, die nur mit einem, zwei oder drei Kindern unterwegs sind, etwas aufwändig erscheinen. Für einen Tagesausflug jedoch, und an dem werden Sie mit den Kindern im Freien sicher am meisten Spaß haben, ist eine solche Ausrüstung auch für Familien von großem Vorteil.

Wenn wir mit den Kindern draußen sind, empfiehlt es sich, ein Bestimmungsbuch (z.B. *BLV Tier- und Pflanzenführer für unterwegs.* München 2001) dabeizuhaben, um die sicher auftretenden Fragen der Kinder nach einzelnen Tieren und Pflanzen beantworten zu können. Wichtiger als biologische Wissensvermittlung ist jedoch, die Neugierde und Begeisterung der Kinder gegenüber allem Lebendigen zu unterstützen.

Damit sich die Kinder draußen angemessen verhalten und die Gefahrenquellen möglichst gering gehalten werden, müssen miteinander Regeln, die sich auf das Wichtigste beschränken, vereinbart werden. Allerdings sollte man darauf achten, dass die Regeln keine Verneinungen und Verbote enthalten. Denn Regeln, die positiv formuliert sind, werden ungefilterter aufgenommen und von den Kindern gerne eingehalten.

Daneben ist es besonders wichtig, solche Regeln Kindern nicht nur mitzuteilen, sondern sie ihnen auch vorzuleben. Denn mehr als an das, was Erwachsene ihnen sagen, halten sich Kinder daran, was Erwachsene tun. Wenn ihnen der Sinn der einzelnen Gebote dann auch noch sinnvoll erklärt wird ("Wir sollten uns in der Natur ruhig verhalten, denn wenn wir herumschreien, erschrecken die Tiere und verstecken sich vor uns!"), ist die Umsetzung auch in großen Gruppen sicher kein Problem.

Es ist sinnvoller, Kindern das zu sagen, was sie tun sollen, als das, was sie nicht tun sollen.

10 wichtige Regeln

(können jederzeit ergänzt werden)

- Wir bleiben in der Gruppe zusammen!
- Wir verhalten uns ruhig in der Natur!
- Wenn wir gehen, haben wir die Hände frei!
- Wir bleiben am Bach- oder Seeufer!
- Am Rastplatz essen wir die mitgebrachte Vesper!
- Hat ein Kind etwas aus der Natur gegessen oder sich verletzt, dann sagen wir das sofort dem oder der Erwachsenen!
- Alle Pflanzen lassen wir auf ihrem Platz stehen!
- Wir gehen rücksichtsvoll mit den Tieren um!
- Finden wir ein totes Tier, dann lassen wir es liegen. Wollen wir es untersuchen, nehmen wir eine Schaufel.
- Unseren Müll räumen wir auf!

Naturerfahrungsspiele im Wald und auf der Wiese

24

Spiele und Ideen zum Stillwerden und zum Bewegen, bei denen Kinder die Natur auf sinnhafte Weise erleben

Wenn wir im Frühling im Wald oder auf der Wiese spazieren gehen, können wir den Gesang der Vögel hören, den Duft der Frühlingsblumen riechen und die ersten wärmenden Sonnenstrahlen auf der Haut spüren. Im Sommer können wir beobachten, dass das Grün der Blätter viel dunkler als im Frühjahr aussieht. Dadurch, dass die Sonne in den dicht belaubten Wald nicht mehr so intensiv hineinscheinen kann, sind vor allem die Aufenthalte im kühlen Wald besonders angenehm.
Sobald die Erntezeit im Herbst beginnt, ziehen viele Vögel in den warmen Süden und Tiere, wie der Igel und der Siebenschläfer, bereiten sich auf ihren Winterschlaf vor. Wer jetzt den Laub- und Mischwald durchstreift, kann bewusst wahrnehmen, wie der frische Wind die verfärbten Blätter von den Bäumen weht.
Im Winter sind die Laubbäume kahl und die ersten Schneeflocken schweben sanft zur Erde. Der weiß gezuckerte Wald und die schneebedeckte Wiese scheinen zu ruhen und erwachen erst im Frühjahr zu neuem Leben.

Durch die Veränderungen mit den Jahreszeiten ist jeder Ausflug in die Natur wieder neu und spannend.

Bei den folgenden Übungen und Spielen können die Kinder sowohl verschiedene Naturgegenstände bewusst wahrnehmen als auch die Geschehnisse im Wald und auf der Wiese erleben. Sie lernen etwas über Tiere und Pflanzen und beschäftigen sich zudem mit den jahreszeitlich bezogenen Veränderungen in der Natur, sodass sie etwas über den Kreislauf von Werden und Vergehen erfahren. Dadurch entwickeln die Kinder einen Bezug zur Natur, ohne die kein Leben möglich ist!

Mein Naturgegenstand

Alter: ab 4 Jahren
SpielerInnen: ab 1 Person

Auf der Wiese oder in einem nahe gelegenen Waldstück dürfen sich die Kinder jeweils einen Naturgegenstand suchen, der ihnen besonders gut gefällt. Danach bilden die Kinder einen Kreis und stellen nacheinander ihren Naturgegenstand der Gruppe vor. Das Kind, das gerade an der Reihe ist, erzählt der Gruppe auch, warum es sich beispielsweise für die Kastanie entschieden hat.

Kein Stein gleicht dem anderen

Alter: ab 4 Jahren
SpielerInnen: ab 1 Person

Die Einzigartigkeit der Natur kennen zu lernen ist Sinn und Zweck dieses Spiels. Dazu erhalten die Kinder einen beliebigen Stein, zu dem sie in der nächsten Umgebung das passende Gegenstück finden sollen. Das ist keine leichte Aufgabe, denn die beiden Steine müssen absolut gleich aussehen. Gibt es einen solchen Stein oder kann man lediglich Steine finden, die sich bestenfalls ähneln? Diese Frage können die Kinder nach der Steinsuche sicherlich leicht beantworten.

Beim genauen Vergleichen schärft sich der Blick der Kinder für die natürliche Vielfalt und Schönheit. Lassen Sie sich von ihrem Staunen und ihrer Neugier anstecken.

Das weiche Moos

Alter: ab 4 Jahren
SpielerInnen: ab 1 Person

Während das erste Kind einen Arm ausstreckt und seine Augen schließt, legt das zweite Kind nacheinander vier bis fünf verschiedene Naturgegenstände auf dessen flache Hand. Glaubt das Kind einen weichen Naturgegenstand, wie etwa Moos, fühlen zu können, öffnet es die Augen. Stimmt die Vermutung, wechseln die beiden Kinder ihre Rollen.

Variante:

Auf die flache Hand beispielsweise einen kalten Naturgegenstand, wie einen Stein, legen und herausfinden lassen.

Welche Eigenschaften findest du?

Alter: ab 5 Jahren
SpielerInnen: ab 2 Personen

Die Kinder sitzen im Kreis und beobachten ein Kind, wie es beispielsweise die Struktur einer Baumrinde behutsam abtastet und dabei eine wahrgenommene Eigenschaft beschreibt. Danach übergibt das Kind das Rindenstück seinem rechten Nachbarn, dessen Aufgabe darin besteht, eine weitere Eigenschaft herauszufinden. Das Spiel ist beendet, wenn die Kinder keine weiteren Eigenschaften herausfinden und benennen können.

Variante:

Verschiedene Naturmaterialien mit einer bestimmten Eigenschaft suchen.

Fuchs und Hase

Alter: ab 4 Jahren
SpielerInnen: ab 5 Personen

Im Wald oder auf der Wiese sammeln die Kinder verschiedene Blätter. Jedes Kind bis auf eines legt einen Kreis aus Blättern auf den Boden, in den es sich hineinstellt.

Nun spielt das übrig gebliebene Kind einen Fuchs, der auf Hasenjagd geht. Aufmerksam beobachtet er die Umgebung und wartet ab, bis ein Hase seinen Unterschlupf verlässt.

Befindet sich ein Hase auf dem Feld, beginnt die Verfolgungsjagd. Um nicht gefangen zu werden, muss der Hase wegrennen und sich blitzschnell einen freien Unterschlupf suchen.

Gelingt das nicht, muss der Hase mit dem Fuchs die Rolle tauschen.

Erde oder Luft?

Alter: ab 4 Jahren
SpielerInnen: ab 3 Personen

Die Kinder beobachten sowohl Tiere, die sich auf dem Wald- oder Wiesenboden aufhalten, als auch Vögel, Insekten und Käfer, die fliegen können. Danach bilden die Kinder einen Kreis und benennen nacheinander die Tiere, die sie entdecken konnten.

Wurden alle Tiere aufgezählt, beginnt das älteste Kind und sagt beispielsweise »Schnecke!«. Sofort müssen die Kinder reagieren und sich möglichst klein machen. Wer jetzt als Erster in der Hocke sitzt, darf sich ein weiteres Tier überlegen und laut benennen. Hören die Kinder, dass es sich hierbei um ein Tier handelt, welches fliegen kann, dann müssen sie sich so schnell wie möglich groß machen. Auf diese Art wird das Spiel so lange fortgesetzt, bis alle Kinder ein Tier nennen konnten.

Auf einem Baumstamm balancieren

Alter: ab 4 Jahren
SpielerInnen: ab 1 Person

Ein Kind steigt auf einen Baumstamm und streckt beide Arme waagrecht zur Seite aus. Nun legt ein weiteres Kind jeweils eine kleine Haselnuss o.Ä. auf eine Handfläche des Kindes, die beim Balanceakt möglichst nicht herunterfallen sollte. Dies erfordert sehr viel Konzentration und Körpergeschicklichkeit. Ist das Kind mit den beiden Haselnüssen am anderen Ende des Baumstamms angekommen, steigt es herunter. Danach übergibt es die beiden Haselnüsse dem Kind, welches als Nächstes auf den Baumstamm steigt.

Mit Becherlupen ausgestattet, machen sich die Kinder begeistert auf die Suche nach kleinen Lebewesen. Wer schon früh Achtung vor allem Lebendigen lernt, für den gehen Freude an der Natur und ökologisches Handeln Hand in Hand.

Variante:

Die Kinder legen verschiedene Hindernisse, wie einen Kiefernzapfen, ein Eichenrindenstück und eine Vogelbeere, auf den Baumstamm. Danach balancieren die Kinder nacheinander auf dem Baumstamm entlang. Um möglichst kein Naturmaterial mit den Füßen zu berühren, müssen die Kinder besonders geschickt und achtsam sein.

Im Schneckentempo die Natur erkunden

Alter: ab 4 Jahren
SpielerInnen: ab 1 Person

Die Kinder gehen extrem langsam umher und warten ab, bis der Spielleiter zwei Stöcke gegeneinander schlägt. Regungslos bleiben die Kinder stehen und versuchen möglichst viele Dinge aus ihrer unmittelbaren Umgebung wahrzunehmen und sich zu merken.

Schlägt der Spielleiter erneut auf die Stöcke, gehen die Kinder weiter. Das Spiel wird so lange fortgesetzt, bis alle Kinder ihre Umgebung intensiv wahrnehmen konnten. Danach bilden die Kinder einen Kreis und tauschen miteinander ihre Erfahrungen und Erlebnisse aus.

Variante:

Die Kinder spielen Schnecken und krabbeln langsam auf dem Boden umher. Ruft der Spielleiter »Stopp!«, halten sie an. Aus der Sicht einer Schnecke sollen die Kinder beispielsweise Insekten, Blätter, Nadeln, Pilze, modrige Hölzer etc. auf dem Boden intensiv wahrnehmen. Anschließend sprechen die Kinder über ihre Eindrücke.

Wo sind die Bucheckern?

Alter: ab 4 Jahren
SpielerInnen: ab 2 Personen

Immer zwei Kinder suchen sich jeweils sechs kleine Kieselsteinchen und sechs Bucheckern sowie ein Dutzend große Buchenblätter. Wurden die Naturmaterialien gefunden, legen die Kinder die zwölf Buchenblätter auf den Boden.

Jetzt beginnt das erste Kind und legt vor den Augen des zweiten Kindes unter jeweils ein Buchenblatt einen Stein oder eine Buchecker. Das zweite Kind, welches aufmerksam den Vorgang beobachtet, wartet ab, bis sich alle Steinchen und Bucheckern unter jeweils einem Blatt befinden. Danach dreht es nacheinander die Blätter herum, von denen es glaubt, dass sich die Bucheckern darunter befinden. Wurden alle gefunden, darf das andere Kind in der nächsten Runde sein Glück versuchen.

Variante:
Während das erste Kind die Augen schließt, versteckt das zweite Kind innerhalb eines Umkreises von 50 Metern sechs Bucheckern unter jeweils einem Buchenblatt. Sind alle Bucheckern gut versteckt, darf das Kind seine Augen öffnen und ein Eichhörnchen spielen, das sich auf die Suche nach den Bucheckern macht.

Was passt in die Fruchthülle?

Alter: ab 4 Jahren
SpielerInnen: ab 1 Person

Jedes Kind sucht sich eine Walnuss, die es mit Hilfe des Erwachsenen knackt, sodass es zwei Hälften hat.

Nun holen die Kinder die wohl schmeckende Nuss heraus, essen sie oder nehmen sie zum Trocknen mit nach Hause. Danach erhalten die Kinder die Aufgabe, einen winzig kleinen Naturgegenstand, wie etwa eine Tannennadel, zu finden, der in die Fruchthülle hineinpasst. Damit das gelingt, müssen die Kinder sehr aufmerksam die unscheinbaren Dinge in der Natur wahrnehmen können.

Wenn man etwas Knetmasse am Rand der »vollen« Fruchthülle anbringt und die hohle Seite der anderen Fruchthülle auf den Rand drückt, bleibt der Inhalt gut verschlossen.

Das Wildschwein und die Eicheln

Alter: ab 4 Jahren
SpielerInnen: ab 8 Personen

Während ein Kind in der Kreismitte steht und die Augen schließt, erhalten die Kinder zwei Eicheln, die sie im Innenkreis möglichst unauffällig weitergeben. Sind die beiden Eicheln im Umlauf, bittet der Spielleiter das Kind, seine Augen zu öffnen. Es spielt nun ein Wildschwein, das Eicheln besonders gerne frisst. Auf der Suche nach dem Futter muss es die beiden Kinder herausfinden, welche gerade eine Eichel in den Händen halten. Hat es einen Verdacht, zeigt es auf das entsprechende Kind und grunzt dabei laut wie ein Schwein. Jetzt bleibt die Gruppe regungslos stehen und wartet ab, ob das betreffende Kind die Vermutung bestätigt. Wurde eine Eichel gefunden, dann wird der Vorgang mit nur einer Eichel wiederholt.

Das Obstbaum-Zuordnungsspiel

Alter: ab 4 Jahren
SpielerInnen: ab 1 Person

Zur Erntezeit besuchen die Kinder eine Wiese, auf der sich verschiedene Obstbäume befinden. Dort angekommen, bilden die Kinder einen Kreis. Während sie ihre Augen schließen, holt der Spielleiter beispielsweise einen Apfel, den die Kinder reihum abtasten dürfen.

Nachdem alle Kinder den Apfel fühlen konnten, teilen sie nacheinander ihre Vermutungen mit und öffnen die Augen. Sehen die Kinder, dass der Spielleiter einen Apfel in den Händen hält, rennen alle blitzschnell los und suchen einen Apfelbaum. Anschließend darf das Kind, welches als Erstes einen Apfelbaum entdecken konnte, das Spiel mit einer neuen Obstsorte beginnen.

Variante:

Im Wald oder Park erhalten die Kinder beispielsweise ein Blatt, einen Zapfen oder eine Frucht, zu der sie den zugehörigen Baum finden sollen.

Das Zitronenfalter-Kältestarrespiel

Alter: ab 4 Jahren
SpielerInnen: ab 3 Personen

Um zu überleben verbringt der Zitronenfalter den Winter in einer Kältestarre.

Damit die Kinder die Verhaltensweise von manchen Tieren im Winter besser verstehen, spielen alle bis auf eins Zitronenfalter, die vergnügt in der Landschaft umherfliegen. Klatscht der Spielleiter in die Hände, beginnt die Winterzeit, sodass die Kinder in ihrer angefangenen Bewegung verharren. Nun bleiben die Kinder so lange regungslos stehen, bis das Kind, welches den Frühling spielt, die einzelnen Falter mit einem leisen Summton weckt. Jetzt fliegen die Zitronenfalter weiter.

Häufig findet man Zitronenfalter übrigens in der Nähe eines Waldstücks.

Den ältesten Baum finden

Alter: ab 5 Jahren
SpielerInnen: ab 1 Person

Immer wieder findet man im Wald abgeschlagene Baumstümpfe oder Baumstämme, bei denen Kinder die Jahresringe an der Schnittstelle zählen und somit das Alter des Baumes bestimmen können.

Um die Konzentration und Ausdauer der Kinder zu steigern, erhalten sie die Aufgabe, einen möglichst alten Baum zu finden. Damit das gelingt, müssen die Kinder zählen und sich auf eine Sache einlassen können. Zum Schluss können die Kinder feierlich einen schönen Zweig auf den Baumstumpf bzw. Baumstamm mit den meisten Jahresringen legen.

Variante:
Den höchsten Baum finden.

Jäger, Forstarbeiter oder die Fachleute in Baumschulen sind oft gerne bereit, den Kindern etwas über die Besonderheiten der Jahresringe und ihre Arbeit im Wald zu erzählen.

Die Honigbiene auf der Blumenwiese

Alter: ab 4 Jahren
SpielerInnen: ab 2 Personen

Auf einer Blumenwiese geben sich immer zwei Kinder die Hände. Während das erste Kind die Augen schließt, führt es das zweite Kind langsam zu einer beliebigen Blume. Jetzt geht das erste Kind in die Hocke und spielt eine fleißige Honigbiene, welche gerne vom Nektar der Blüte kosten möchte. Aufmerksam tastet es alles um sich herum ab und versucht eine Blüte zu finden.

Damit keine Pflanzen beschädigt werden, muss das Kind sehr behutsam sein. Glaubt es eine Blüte zu berühren, summt es wie eine Biene und öffnet seine Augen. Danach werden die Rollen gewechselt.

Wo wohnen die Tiere?

Alter: ab 4 Jahren
SpielerInnen: ab 1 Person

Steine, Pflanzen, Bäume und vieles mehr bieten zahlreichen Kleinstlebewesen verschiedene Unterschlupfmöglichkeiten. Es gibt aber auch Tiere, die ihr Nest selbst bauen, um beispielsweise ihre Jungen aufzuziehen, sich vor Feinden zu schützen oder zu überwintern.

Damit Kinder die Verstecke oder Behausungen von einigen Tieren intensiv wahrnehmen und kennen lernen können, sollen sie beispielsweise nach einem Vogelnest, einem Maulwurfshügel und einem Mauseloch in der nächsten Umgebung Ausschau halten. Konnten die Kinder z.B. ein Vogelnest entdecken, dann können u.a. folgende Fragen miteinander geklärt werden:

- »Wo wurde das Nest gefunden?«
- »Welches Tier hat das Nest gebaut?«
- »Aus welchen Materialien besteht das Nest?«
- »Wozu wird das Nest gebraucht?«

Das Kuckucksei im fremden Nest

Alter: ab 4 Jahren
SpielerInnen: ab 3 Personen

Der Kuckuck ist bekannt dafür, dass er jeweils ein Ei in die Nester andere Vögel legt. Dabei lässt er auch seine Jungen von den Vögeln ausbrüten und aufziehen. Diese Verhaltensweise des Kuckucks können die Kinder nachspielen.

Dazu sammeln alle Kinder bis auf eines verschiedene Blätter, mit denen sie kleine Kreise legen. Mit geschlossenen Augen stellen sich die Kinder vor ihre Nester und lauschen. Jetzt soll das Kind, welches den Kuckuck spielt, ein Ei (das kann ein Hühnerei oder auch ein Stein oder ein Tannenzapfen sein) unbemerkt in ein Nest legen. Das ist gar nicht so einfach, denn alle Vogelnester werden gut bewacht. Glaubt ein Kind, dass sich der Kuckuck vor seinem Nest befindet, dann muss es versuchen, den »Kuckuck« blind zu berühren. Wurde der »Kuckuck« erkannt, muss das Ei in einem anderen Nest untergebracht werden. Erst wenn es ihm gelingt, sein Ei unbemerkt in ein fremdes Nest zu legen, darf ein anderes Kind die Rolle des Kuckucks übernehmen.

Naturgeräusche wahrnehmen und nachahmen

Alter: ab 5 Jahren
SpielerInnen: ab 2 Personen

Alle Kinder schließen ihre Augen und versuchen die natürlichen Geräusche um sich herum wahrzunehmen. Während die Kinder aufmerksam lauschen, sollen sie sich alle Geräusche gut merken. Damit das gelingt, müssen die Kinder ganz ruhig sein.

Nach einer kurzen Weile öffnen die Kinder ihre Augen und bilden einen Kreis. Danach beginnt das älteste Kind und stellt akustisch ein beliebiges Naturgeräusch vor. Indem die Kinder aufmerksam zuhören, versuchen sie herauszufinden, von wem oder wodurch dieses Geräusch erzeugt werden kann. Anschließend kommt ein anderes Kind an die Reihe.

Für Kinder, die heutzutage so stark von akustischen und visuellen Reizen überfutet und oft auch überfordert werden, ist diese Stilleübung besonders förderlich.

Ich bin eine Katze und wer bist du?

Alter: ab 3 Jahren
SpielerInnen: ab 6 Personen

Alle Kinder bis auf eines bilden einen Kreis. Während ein Kind in die Kreismitte geht und die Augen schließt, tippt der Spielleiter wortlos ein Kind aus der Gruppe an, das nun eine Maus spielt. Die anderen Kinder überlegen sich weitere Tiere, die sie gerne darstellen wollen. Anschließend öffnet das Kind in der Mitte seine Augen und blinzelt einem anderen zu. Dabei sagt es: »Ich bin eine Katze und wer bist du?« Erwidert das betreffende Kind, dass es eine kleine Maus ist, muss die Katze blitzschnell reagieren und versuchen, die kleine Maus zu fangen. Um nicht gefangen zu werden, läuft das »Mäusekind« so schnell wie möglich einmal um den Außenkreis herum, bis es wieder auf seinem Ausgangsplatz steht. Befindet sich das Kind in Sicherheit, darf es in der nächsten Runde die Katze darstellen.

Die Tarnung der Krabbenspinne

Alter: ab 4 Jahren
SpielerInnen: ab 2 Personen

Krabbenspinnen, die man bei uns häufiger auf Blumenwiesen sieht, können ihre Farbe hervorragend der Blüte anpassen, auf der sie sich gerade befinden. Diese Tarnung ist einerseits für den Beutefang gut, andererseits aber auch eine Möglichkeit, sich vor den natürlichen Feinden zu verstecken.

Um Kindern die Tarnung von vielen Wirbellosen näher zu bringen, darf ein Kind ein gelbes Kopftuch tragen und sich eng neben eine gelbe Blüte stellen. Während die »Krabbenspinne« nun ihre Augen schließt, wird per Zeichensprache ein Kind aus der Gruppe bestimmt, welches ein Insekt spielt. Auf der Suche nach Nektar fliegt das Insekt zu der gelben Blüte. Stillschweigend bleibt die »Krabbenspinne« stehen und wartet ab, bis das andere Kind vor ihm steht und sein Kopftuch berührt. Danach muss das Kind blitzschnell reagieren und die Augen öffnen. Gelingt es dem Kind, das »Insekt« zu fangen, bevor es »wegfliegen« kann, tauschen die beiden Kinder ihre Plätze.

Die meisten Kinder sind von Tarnungen (Mimikry) in der Tierwelt fasziniert. Häufig bei uns zu sehen sind z.B. das Pfauenauge (durch die Färbung auf seinen Flügeln simuliert dieser Schmetterling die Augen eines sehr viel größeren und potentiell gefährlichen Tieres) oder der ungiftige Hornissenschwärmer (schützt sich durch die gelb-schwarzen Streifen, die an eine Wespe oder Hornisse erinnern).

Das Eichhörnchen-Lauschspiel

Alter: ab 5 Jahren
SpielerInnen: ab 3 Personen

Die Kinder legen einen Kreis aus Blättern, die sie im Wald gesammelt haben. Anschließend wird ein Kind ausgewählt, welches ein Eichhörnchen spielt und sich in das Nest aus Blättern setzt. Während das Kind seine Augen schließt, bilden die anderen einen großen Kreis um das Nest herum und warten ab, bis der Spielleiter per Zeichensprache ein Kind bestimmt, das beispielsweise in die Hände klatscht, mit den Füßen stampft oder einen Stein auf einen anderen schlägt. Obwohl das Eichhörnchen gerade seine Winterruhe hält, lauscht es aufmerksam. Hört es ein Geräusch, dann soll es herausfinden, wodurch das Geräusch erzeugt wurde. Stimmt die Vermutung, tauschen die beiden Kinder ihre Rollen.

Allerlei winzige Bodentiere

Alter: ab 4 Jahren
SpielerInnen: ab 1 Person

Viele Bodentiere sind sehr klein, sodass wir sie mit bloßen Augen kaum oder gar nicht mehr wahrnehmen können. Damit die Kinder aber möglichst viele Winzlinge entdecken, erhalten sie Lupen. Danach beginnt die Suche nach allerlei kleinen Tierchen, wie Saftkugler, Steinkriecher und Zwergfüßer. Dabei schauen die Kinder auch vorsichtig unter Steinen, Holzblöcken oder Laubhaufen nach. Glaubt ein Kind ein extrem kleines Bodentier gefunden zu haben, bittet es die anderen Kinder, sich das Tier anzuschauen. Anschließend versuchen die Kinder ein noch kleineres Bodentier zu finden. Nach einer Weile kommen die Kinder zusammen und sprechen über ihre Erlebnisse. Dabei kann der Spielleiter den Kindern folgende Fragen stellen:

- »Wo halten sich die Winzlinge auf?«
- »Wie können sich die Tiere auf dem Boden fortbewegen?«
- »Was fressen die Bodentiere und wozu sind sie nützlich?«

Kinder gehen mit allen Lebewesen sehr unvoreingenommen um, solange sie von Erwachsenen nicht beeinflusst werden. Sie finden Spinnen und anders Kleingetier meist erst dann »eklig«, wenn sie solche Äußerungen von Erwachsenen gehört haben. Wir sollten daher gerade mit Negativzuschreibungen sehr zurückhaltend sein.

Bäume sind voller Leben

Alter: ab 5 Jahren
SpielerInnen: ab 1 Person

Bäume im Wald oder auf der Wiese bieten zahlreichen Tieren sowohl Nahrung als auch Unterschlupf. Indem die Kinder einen Baum genauer betrachten, können sie beispielsweise beobachten, wie kleine Ameisen und Käfer auf der Baumrinde umherkrabbeln. Vielleicht können die Kinder in den Astgabeln des Baumes auch ein Vogelnest entdecken oder ein Eichhörnchen, das vergnügt zwischen den Ästen hin und her springt.

Wurde ein Baum bewusst wahrgenommen, findet ein Erfahrungsaustausch in der Gruppe statt. Dabei können u.a. folgende Fragen gestellt werden:

- »Welchen Tieren bietet der Baum einen guten Unterschlupf?«
- »Welche Winzlinge krabbeln auf der Baumrinde umher?«
- »Welchen Tieren haben Insekten auf der Speisekarte stehen?«
- »Wer knackt besonders gerne Zapfen?«
- »Wozu braucht der Mensch die Bäume?«
- »Wie können wir die Bäume schützen?«

Die Schmatzgeräusche des Igelchens

Alter: ab 3 Jahren
SpielerInnen: ab 5 Personen

Während sich ein Kind in die Kreismitte stellt und die Augen schließt, wird per Zeichensprache ein Kind bestimmt, dass ein Igelchen spielt. Da sich der Igel vor seinem Winterschlaf ein Fettpolster zulegt, erhält das Kind einen Apfel, welchen es genüsslich verspeisen darf. Nun soll das Kind in der Mitte den schmatzenden Igel herausfinden. Damit das gelingt, nimmt der Spielleiter das Kind an die Hand und führt es langsam einmal um den Innenkreis herum. Glaubt das Kind vor dem »schmatzenden Igel« zu stehen, öffnet es die Augen. Danach beginnt eine neue Spielrunde.

Naturerfahrungsspiele am Bach und am See

24

Spiele und Ideen rund ums Wasser mit spannenden Begegnungen mit Pflanzen und Tieren

Bevor Kinder geboren werden, verbringen sie bereits neun Lebensmonate im Fruchtwasser. Somit ist das Wasser das erste Element der Natur, das sie direkt erleben. Später im Vorschulalter matschen und experimentieren Kinder überaus gerne mit Wasser. Auch das Planschen im Wasserbecken ist besonders beliebt. Wenn keine negativen Erlebnisse dazukommen, begeistert das vielseitige Element Wasser die meisten Menschen bis ins hohe Alter. Allerdings wird es oft sinnlos verschwendet, sodass wir erheblich mehr Wasser verbrauchen, als sich im Grundwasser wieder ansammeln kann. Aus diesem Grund sollten Kinder frühzeitig lernen, dass wir das kostbare Wasser zur Lebenserhaltung brauchen und deshalb sparsam damit umgehen müssen.

Wasser ist für den Menschen das natürlichste Element – unser Körper besteht zu 65 Prozent daraus!

Bei den folgenden Naturerfahrungsspielen lernen Kinder mit allen Sinnen das Element Wasser kennen. Außerdem entdecken sie viele Tier- und Pflanzenarten, die sich im oder in der Nähe von Wasser finden. Vielleicht bekommen die Kinder durch einen Aufenthalt am Bach auch Lust, im Wasser zu waten und einen Damm zu bauen. Um aber eine Gefährdung der Kinder, die besonders im Vorschulalter häufig noch nicht schwimmen können, zu vermeiden, sollten die nachfolgenden Übungen und Spiele lediglich an flach auslaufenden Bach- oder Seeuferzonen durchgeführt werden.

Was schwimmt auf dem Wasser?

Alter: ab 5 Jahren
SpielerInnen: ab 1 Person

Die Kinder erhalten die Aufgabe, jeweils drei verschiedene Naturgegenstände zu sammeln, von denen sie glauben, dass sie auf dem Wasser schwimmen können. An einer besonders flach auslaufenden Uferzone beginnt ein Kind und probiert beispielsweise aus, ob ein Pflanzenblatt auf dem Wasser schwimmt. Wird das Blatt vom Wasser getragen, darf das Kind einen weiteren Naturgegenstand testen. Erst wenn das Kind einen Naturgegenstand benutzt, welcher wie ein Stein im Wasser untergeht, kommt ein anderes Kind an die Reihe. Ist das Spiel beendet, dann können u.a. folgende Fragen miteinander besprochen werden:

- »Welche Naturgegenstände schwimmen auf dem Wasser?«
- »Weshalb sinken beispielsweise Steine in die Tiefe?«
- »Warum kann ein Floß, ein Boot, ein Schiff oder ein Surfbrett nicht sinken?«

Zum See watscheln

Alter: ab 3 Jahren
SpielerInnen: ab 2 Personen

Auf dem Weg zum Seeufer spielen die Kinder frisch geschlüpfte Küken, die ihrer Entenmutter folgen. Dazu stellen die Kinder sich hinter dem Spielleiter auf, der die Entenmutter darstellt, und laufen im Watschelgang hinter dem Spielleiter her. Sind die Kinder am See angekommen, ist die Aufgabe erfüllt. Anschließend können die Kinder die Enten beobachten, die sich gerne im Wasser aufhalten und ausgezeichnet schwimmen können. Gehen die Kinder wieder nach Hause zurück, spielen sie erneut die Entenfamilie, welche zu ihrem Nest watschelt.

Das Wasser spüren

Alter: ab 5 Jahren
SpielerInnen: ab 1 Person

An einer besonders flach auslaufenden Uferzone erhalten die Kinder die Aufgabe, ihre Hände ganz ruhig in das Wasser zu halten. Nach einer kurzen Weile berichten die Kinder nacheinander, wie sich das Wasser anfühlt. Dabei sollen sie möglichst detailliert ihre Wahrnehmungen beschreiben. Damit das gelingt, kann der Spielleiter u.a. folgende Fragen stellen:

- »Fühlt sich das Wasser warm, lauwarm, kalt oder eiskalt an?«
- »Ist Wasser hart oder weich, flüssig oder fest?«
- »Wer spürt gerne das Nass auf der Haut?«

Anschließend können die Kinder die Temperatur des Wassers messen.

Variante:

An einem warmen Sommertag das Wasser von einem nahe gelegenen Bach oder See barfuß spüren bzw. erleben lassen.

Frösche fangen Fliegen

Alter: ab 4 Jahren
MitspielerInnen: ab 6 Personen

Aus der Gruppe werden drei Kinder ausgewählt, die sich nicht zu weit voneinander entfernt einen Platz suchen. Während die Kinder drei Frösche darstellen, die sich in der Nähe vom Bach bzw. See aufhalten, spielen die anderen Kinder kleine Fliegen, die zur Nahrung der Frösche gehören. Um die »Fliegen« zu fangen, gehen die drei Kinder in die Hocke und warten ab, bis ein Kind an ihnen vorbeigeht. Sobald eine Fliege in die Nähe eines Frosches kommt, hüpft der los und versucht die Fliege zu fangen. Wurde eine Fliege von einem Frosch gefangen, wechseln die beiden Kinder ihre Rollen.

Ein Versteck suchen

Alter: ab 3 Jahren
SpielerInnen: ab 4 Personen

Alle Kinder, bis auf eines, bilden einen Kreis und spreizen etwas ihre Beine. Das Kind, welches sich im Kreis befindet, spielt ein Grundwassertier, das sich in der Tiefe ein Versteck sucht. Dazu krabbelt das Kind blind im Kreis umher und tastet vorsichtig mit den Händen seine Umgebung ab. Gelingt es dem Kind durch die Beine eines beliebigen Kindes zu krabbeln, öffnet es seine Augen. Danach tauschen die beiden Kinder ihre Rollen.

Hör mal, wer da quakt!

Alter: ab 3 Jahren
SpielerInnen: ab 4 Personen

Während ein Kind mit geschlossenen Augen in der Kreismitte sitzt, blinzelt der Spielleiter einem beliebigen Kind zu, das zum Kind hüpfen darf. Sobald es sich vor dem sitzenden Kind befindet, quakt es dreimal laut. Glaubt das Kind zu wissen, welches Kind aus der Gruppe quakt, dann nennt es dessen Namen und öffnet die Augen. Wurde das Kind richtig erkannt, wechseln die beiden Kinder ihre Plätze.

Variante:

Das Kind, welches vor dem sitzenden Kind steht, macht eine bestimmte Froschart nach. Hierbei kann das Kind beispielsweise brummen, pfeifen, trillern oder krächzen.

Die Fortbewegungsarten von Wassertieren

Alter: ab 5 Jahren
SpielerInnen: ab 3 Personen

An der Wasseroberfläche von ruhigen Gewässern bildet sich eine dünne »Haut«, auf der beispielsweise der Wasserläufer laufen kann. Andere Insekten, wie die Taumelkäfer, die in der Gruppe schwimmen und dabei Kreise drehen, befinden sich sowohl oberhalb als auch unterhalb der Wasseroberfläche. Besonders faszinierend ist vor allem auch der Rückenschwimmer, der auf dem Rücken dicht unter der Wasseroberfläche von stehenden und teilweise auch ruhig fließenden Gewässern schwimmt.

Wurden diese oder andere Insekten am Weiher ausgiebig beobachtet, überlegen die Kinder, wie sie die Fortbewegungsarten der einzelnen Tiere darstellen können. Dabei können u.a. folgende Vereinbarungen getroffen werden:

- Wasserläufer – am Ufer umher gehen
- Taumelkäfer – zu dritt im Kreis herumgehen
- Rückenschwimmer – Armkreisen rückwärts und dabei gehen

Sobald der Spielleiter eine Insektenart benennt, sollen sich die Kinder entsprechend bewegen.

Planschen, Matschen und am Wasser spielen, das macht nicht nur im Sommer Spaß. Wasser ist für Kinder ein Element immer währender Faszination – schließlich ist es das Erste, mit dem wir Menschen im Mutterleib in Berührung kommen.

Hindernisse, die den Wasserlauf hemmen

Alter: ab 5 Jahren

SpielerInnen: ab 1 Person

Kinder, die sich z.B. am Waldbach aufhalten, können beobachten, wie der Wasserlauf durch quer liegende Zweige und Baumstämme oder von Wasserpflanzen gehemmt wird. Vielleicht beobachten sie aber auch Dinge, die jemand in den Bach geworfen hat. Wurden die Hindernisse im Bachbett entdeckt, bilden die Kinder einen Sitzkreis. Sind alle leise, kann der Spielleiter u.a. folgende Fragen stellen:

- »Welche Hindernisse hemmen den Wasserlauf?«
- »Was können wir tun, damit das Wasser besser fließen kann?«
- »Was gehört auf jeden Fall nicht in den Bach?«
- »Wie können wir den Bach säubern?«
- »Wohin mit dem Müll?«
- »Was passiert, wenn wir das Wasser an einer Bachstelle stauen?«

Pflanzen und Tiere entdecken

Alter: ab 5 Jahren
SpielerInnen: ab 1 Person

Bei der folgenden Übung sollen die Kinder verschiedene Tiere und Pflanzen, die zum See gehören, spielerisch kennen lernen. Hierbei kann der Spielleiter eine Tier- oder Pflanzenart vorstellen und beispielsweise sagen: »Guten Tag, ich bin eine Weiße Seerose und besitze vier grüne Kelchblätter und etwa 20 weiße Kronblätter, die in gelbe Staubblätter übergehen. Im Sommer sind meine großen Blüten tagsüber geöffnet. Für die Fische im Weiher, im Teich oder See bin ich ein guter Laichschutz. Wenn du auf den See schaust, siehst du mich vielleicht!« Konnten die Kinder eine Weiße Seerose entdecken, erhalten sie Papier und Stifte. Jetzt dürfen sie eine Seerose zeichnen.

Tier- und Pflanzenarten stehen miteinander in einer engen Abhängigkeit. Sobald die eine oder andere Art verloren geht, entsteht eine Lücke, die nicht ohne Konsequenz für das Ökosystem bleibt.

Wo ist der Artgenosse?

Alter: ab 4 Jahren
SpielerInnen: ab 5 Personen

Ein Kind aus der Gruppe spielt einen Fisch und stellt sich in die Kreismitte. Während es seine Augen schließt, überlegen sich die übrigen Kinder jeweils ein Tier, das im oder in der Nähe vom Wasser lebt und akustisch dargestellt werden kann. Anschließend wird das Kind langsam zu den einzelnen Kindern geführt, die jeweils ein Tiergeräusch nachahmen. Glaubt es, dass es vor einem Kind steht, welches das leise »Blubb-blubb« eines Fisches nachahmt, dann erwidert es das Geräusch und öffnet die Augen. Danach wird ein weiteres Kind bestimmt, welches beispielsweise einen Frosch darstellt und seinen Artgenossen sucht.

Hilfe, ein Raubfisch!

Alter: ab 5 Jahren
SpielerInnen: ab 5 Personen

Ein Kind spielt einen Hecht, der im See oder Fluss lebt und neben Fischen auch Jungvögel, Frösche, Ratten und Mäuse verspeist. Da die anderen Kinder die Beutetiere des Hechts darstellen, müssen sie dem Hecht aus dem Weg gehen. Kommt der »Raubfisch« dennoch einem Kind zu nahe, geht es blitzschnell in die Hocke und nennt ein Landtier, welches *nicht* auf seiner Speisekarte steht. Sobald der Hecht sich wieder entfernt, darf das Kind wieder loslaufen. Wenn es aber dem Hecht gelingt, das Kind vorher zu fangen, muss es dem Hecht beim Beutefang helfen. Das gilt auch, wenn das Kind eine falsche Aussage macht.

Fischer, welche Fische angelst du?

Alter: ab 5 Jahren
SpielerInnen: ab 10 Personen

Ähnlich wie bei dem bekannten Spiel »Fischer, wie wehen die Fahnen?« stehen die Kinder einem Kind, welches den Fischer bzw. die Fischerin spielt, in einem Abstand von etwa zwölf Metern gegenüber. Damit die Kinder das rechteckige Spielfeld erkennen, werden seine Ecken mit Kleidungsstücken markiert. Indem sich jeweils drei Kinder zusammentun, sich eine Süßwasserfischart überlegen und den Namen laut mitteilen, beginnt das Spiel.

Nun rufen alle Kinder laut: »Fischer, welche Fische angelst du?« Daraufhin kann der Fischer Folgendes erwidern: »Ich angle Forellen!« Jetzt rennen die Kinder los, welche die Forellen darstellen. Die übrigen Kinder dürfen in aller Ruhe auf die andere Seite gehen. Fängt der Fischer ein Kind, das eine Forelle spielt, dann unterstützt es in der nächsten Runde den Fischer. Erst wenn alle Fische gefangen wurden, ist das Spiel beendet.

Raubfisch – wo bist du?

Alter: ab 4 Jahren
SpielerInnen: ab 5 Personen

Während die Kinder mit geschlossenen Augen im Kreis stehen, tippt der Spielleiter einem beliebigen Kind auf die Schulter, das einen Raubfisch darstellen darf. Anschließend öffnen die Kinder wieder ihre Augen. Nun bittet der Spielleiter ein beliebiges Kind im Kreis herumzugehen und die einzelnen Kinder zu fragen, ob sie der Raubfisch sind. Sobald ein Kind die Frage bejaht, müssen alle anderen blitzschnell reagieren und wegrennen. Fängt der »Raubfisch« ein Kind, wird das Spiel wiederholt.

Vorsicht, ein Moskito!

Alter: ab 4 Jahren
SpielerInnen: ab 3 Personen

Ein quadratisches Spielfeld wird mit Kleidungsstücken begrenzt. Danach wählt die Gruppe ein beliebiges Kind aus, das eine Stechmücke spielt. Während das Kind bis zehn zählt, rennen die anderen im Spielfeld herum. Jetzt besteht die besondere Aufgabe des Kindes darin, die nackte Haut eines der Kinder zu berühren. Gelingt es dem »Moskito«, ein Kind zu stechen, wechseln die beiden Kinder ihre Rolle.

Für dieses Spiel sollten die Kinder möglichst Badehosen bzw. wenige Kleidungsstücke tragen. Aus diesem Grund ist das Spiel ideal, wenn es angenehm warm ist.

Tiere im und in der Nähe vom Wasser

Alter: ab 4 Jahren
SpielerInnen: ab 4 Personen

Für dieses Spiel bilden die Kinder einen Kreis und überlegen sich ein Tier, welches sich im oder in der Nähe eines Bachs oder Sees aufhält. Sobald sich alle Kinder ein solches Tier ausgedacht haben, blinzelt der Spielleiter einem beliebigen Kind zu, das beispielsweise wie ein Käfer zu einem anderen Kind krabbelt. Danach kommt dieses an die Reihe und hüpft beispielsweise wie ein Frosch zu einem weiteren Kind. Auf diese Weise wird das Spiel so lange fortgesetzt, bis alle Kinder möglichst wortlos ihr Tier der Gruppe vorgestellt haben.

An welcher Uferstelle befindet sich die Ente?

Alter: ab 5 Jahren
SpielerInnen: ab 5 Personen

Bis auf eines stehen alle Kinder im Kreis und schließen die Augen. Das Kind, welches sich in der Kreismitte befindet, spielt eine schwimmende Ente, die eine geeignete Stelle sucht, um das Ufer zu erreichen. Um die Aufgabe zu erfüllen, muss sie möglichst geräuschlos zwischen zwei Kindern vorbei den Kreis verlassen. Glauben zwei Kinder, dass die Ente direkt an ihnen vorbeiwatschelt, heben sie die Hand. Wird die Vermutung von der »Ente« bestätigt, öffnen die Kinder ihre Augen. Danach wiederholt eine neue Ente das Spiel.

Fröschchen, Fröschchen, bleibe stehen!

Alter: ab 4 Jahren
SpielerInnen: ab 3 Personen

Ähnlich wie das uralte Spiel »Ochs am Berg« verläuft das folgende Spiel.

Vor einem großen Baum befindet sich ein Kind, welches etwa sechs Meter von den anderen entfernt steht. Das Kind dreht sich zum Baum und ruft laut: »Fröschchen, Fröschchen, bleibe stehen, sonst wird dich die Eule sehen!« Dabei müssen die anderen Kinder loshüpfen und so schnell wie möglich in Richtung des Baums gelangen. Kaum ist der Satz beendet, dreht sich das Kind um und alle anderen verharren in ihrer angefangenen Bewegung. Sieht das Kind, wie sich ein anderes bewegt, dann schickt es dieses wieder zum Start zurück. Anschließend dreht sich das Kind wieder um und wiederholt den Vorgang. Auf diese Art wird das Spiel so lange fortgesetzt, bis ein »Frosch« den Baum erreicht hat.

Alles rund um den Bach oder See wahrnehmen

Alter: ab 5 Jahren
SpielerInnen: ab 1 Person

An einem schönen Tag sitzen die Kinder nebeneinander am Ufer und betrachten stillschweigend einen Bach oder See. Nach einer Weile schließen die Kinder kurz ihre Augen und lassen dabei die entstandenen Eindrücke »nachwirken«. Diesen Vorgang wiederholen die Kinder noch einige Male. Wurde die Umgebung verinnerlicht, drehen sich alle Kinder um. Sobald alle Kinder ruhig sind, erhalten sie die Aufgabe, nacheinander die Dinge, welche sie gesehen haben, aufzuzählen. Anschließend drehen sich die Kinder wieder um und schauen nach, wo sich beispielsweise die schnatternden Enten befinden.

Die einzelnen Kinder können auch berichten, warum sie sich bestimmte Dinge besonders gut eingeprägt haben. Die Gründe hierfür sind oft sehr unterschiedlich und hängen u.a. von den individuellen Erfahrungen und Erlebnissen der Kinder ab.

Lebensraum »Flachlandbach«

Alter: ab 5 Jahren
SpielerInnen: ab 1 Person

Aufgrund der geringen Strömung und der Lufttemperatur angeglichenen Wassertemperatur bietet der Flachlandbach vielen verschiedenen Tier- und Pflanzenarten einen idealen Lebensraum. Um den Kindern die Tier- und Pflanzenwelt des Flachlandbachs zu verdeutlichen, wird der Bach an einer flach auslaufenden Uferzone gemeinsam erforscht. Dazu können die Kinder ihre Lupen benutzen. Wer möchte, kann die Tiere mit einem Kescher behutsam aus dem Wasser herausholen und in einem mit Bachwasser gefüllten Glas genauer betrachten. Nach einer Weile lassen die Kinder ihre gesammelten Tiere aus dem Glas wieder vorsichtig ins Wasser gleiten.

Zum Schluss dürfen die Kinder die Dinge malen, die sie besonders beeindruckt haben. Sind die Bilder fertig gestellt, können sie zu einem großen Bachbild zusammengefügt werden.

Eine detaillierte Beschreibung abgeben

Alter: ab 5 Jahren
SpielerInnen: ab 2 Personen

An einer flachen Stelle kniet sich ein Kind hin und holt mit einem Kescher beispielsweise eine kleine Kaulquappe aus dem Wasser heraus, die es behutsam in ein mit Bachwasser gefülltes Einweckglas umsetzt.

Am Ufer bilden die Kinder einen Kreis um das Glas herum. Erkennt ein Kind, dass es sich um eine Kaulquappe handelt, kann es beispielsweise folgenden Satz sagen: »Die Kaulquappe im Wasserglas hat kleine Kiemen.« Nun wiederholt das rechte Nachbarkind den Satz und erweitert ihn um eine weitere Eigenschaft. Auf diese Weise erfolgt eine detaillierte Tierbeschreibung. Danach bringen die Kinder die Kaulquappe wieder behutsam an ihren ursprünglichen Platz zurück.

Variante:

Am Ufer suchen sich die Kinder eine Pflanze aus, um die sie sich herumsetzen. Mit der Lupe in der Hand versuchen die Kinder nacheinander die Merkmale der Pflanze zu beschreiben.

Sich gemeinsam anschleichen

Alter: ab 4 Jahren
SpielerInnen: ab 5 Personen

Bei dieser Übung lernen die Kinder sich anzuschleichen und ruhig zu verhalten. Eine wichtige Verhaltensweise, die Kinder auf der Suche nach Tieren beachten sollten.

Die Kinder bilden einen Kreis und wählen ein beliebiges Kind aus, das ein Wassertier spielt. Während das Kind sich in die Mitte stellt und seine Augen schließt, blinzelt der Spielleiter zwei weiteren Kindern zu, die sich unbemerkt an das Wassertier anschleichen sollen. Glaubt das Kind ein gehendes Kind zu hören, dann deutet es in dessen Richtung. Sofort müssen beide Kinder reagieren und in ihrer angefangenen Bewegung verharren. Stimmt die Vermutung, geht das betreffende Kind wieder auf seinen Ausgangsplatz zurück. Das zweite Kind bleibt so lange regungslos auf seinem Platz stehen, bis der Spielleiter einem weiteren Kind zublinzelt, das sich ebenfalls anschleichen darf. Berührt ein Kind das »Wassertier«, dann werden die Rollen gewechselt.

Kieselsteinbilder

Alter: ab 4 Jahren
SpielerInnen: ab 1 Person

Für das Legespiel eignen sich Kiesbänke, die an manchen Gewässern zu finden sind. Sind die Kinder an einem solchen Ort, dann suchen sie sich einen Platz. Danach überlegen sich die Kinder, welche Dinge aus der Natur mit den Steinen dargestellt bzw. gelegt werden können. Danach knien sich die Kinder auf den Boden und legen mit ihren Kieselsteinen beispielsweise Bäume, Schnecken, Wolken und vieles mehr. Sind alle Bilder fertig gestellt, betrachten die Kinder gemeinsam die einzelnen Werke. Können sie erkennen bzw. erraten, was dargestellt wurde?

Noch deutlicher als auf den Kiesbänken selbst sind die Legebilder natürlich auf einer Unterlage (z.B. dunkles Tonpapier, Karton etc.) zu sehen. Gerade große Kieselsteine sind aber auch gut auf Kies zu erkennen.

Das kostbare Wasser transportieren

Alter: ab 4 Jahren
SpielerInnen: ab 3 Personen

Die Gruppe wählt ein Kind aus, das ein leeres Einweckglas fast bis zum Rand mit Wasser füllt. Danach bilden die Kinder einen engen Kreis und geben das mit Wasser gefüllte Glas einmal im Kreis herum. Um keinen Tropfen des kostbaren Wassers zu verlieren, müssen die Kinder äußerst behutsam und konzentriert sein. Wird etwas Wasser verschüttet, beginnt das Spiel erneut. Erst wenn der gesamte Inhalt des Glases wieder das Ausgangskind erreicht hat, ist das Spiel beendet.

Im oder über dem Wasser?

Alter: ab 5 Jahren
SpielerInnen: ab 1 Person

Am Ufer sammeln die Kinder viele Kieselsteine, mit denen sie den Umriss eines großen Kreises legen. Um den Kreis, der einen großen See darstellt, setzen sich alle Kinder herum, sodass sich die Füße im Kreis befinden. Sobald alle Kinder ganz leise sind, nennt der Spielleiter ein Tier, welches eindeutig unter oder über dem Wasser lebt. Hören die Kinder, dass es sich beispielsweise um einen Karpfen handelt, dann bleiben sie regungslos sitzen. Erst wenn der Spielleiter beispielsweise Libelle ruft, müssen die Kinder sofort reagieren und ihre Füße in die Luft bzw. über das Wasser des Sees heben.

Naturerfahrungsspiele rund ums Wetter

24

Spiele und Ideen für schöne und stürmische Tage, bei denen Kinder die Jahreszeiten spielerisch entdecken

Obwohl das Wetter zu unserem Leben gehört, können wir es nicht beeinflussen. Vielmehr müssen wir uns den unterschiedlichen Wetterbedingungen wie Regen, Sonne, Wind, Schnee und Hagel anpassen. Wir ziehen uns nicht nur wetter- bzw. zweckmäßig an, sondern wohnen auch in gut isolierten Häusern, die uns Schutz geben.
Allerdings werden durch die unterschiedlichen Erscheinungsformen des Wetters sowohl unsere Stimmung als auch unsere Verhaltensweisen in Alltagssituationen beeinflusst. So sind die meisten Menschen vor allem im Frühling, wenn die Sonne scheint und die Natur voller Leben ist, glücklich und aktiv. Im Gegensatz dazu fühlen sich viele Menschen bereits im Herbst, der sehr regnerisch, stürmisch und nebelig sein kann, oft eher wehmütig und traurig.

Das Wetter beeinflusst unser Verhalten und unsere Stimmungen.

Da aber Kinder von Natur aus neugierig und wissbegierig sind, ist für sie jedes Wetter reizvoll und interessant. Aus diesem Grund machen Spiele rund ums Wetter besonders viel Spaß. Da sich die Kinder bei den folgenden Naturerfahrungsspielen mit dem Thema »Wetter« bewusst auseinander setzen, werden sie auch eine Reihe von Veränderungen, die sich im Laufe eines Jahres in der Natur ergeben, leichter nachvollziehen können.

Luft zufächern

Alter: ab 4 Jahren
SpielerInnen: ab 5 Personen

Für dieses Spiel benötigt jedes Kind ein großes Ahornblatt, das die Kinder beim Spazierengehen sammeln können. Danach bilden die Kinder einen Kreis und warten ab, bis der Spielleiter ein beliebiges Kind auf die Schulter tippt. Wortlos dreht es sich zu seinem rechten Nachbarn und fächert ihm mit seinem Ahornblatt etwas Luft zu. Spürt das Kind einen leichten Luftzug im Gesicht, dreht es sich ebenfalls seinem rechten Nachbarn zu und wiederholt den Vorgang.

Variante:

Alle Kinder bis auf eins suchen sich einen Platz auf der Wiese und schließen die Augen. Danach geht das erste Kind möglichst geräuschlos zu einem andern, dem es etwas Luft zufächert. Nun öffnet dieses Kind seine Augen und sucht sich ebenfalls ein Kind aus, dem es etwas Luft zufächern kann. Im Schneeballsystem wird das Spiel so lange fortgesetzt, bis alle Kinder auf der Wiese umhergehen.

Der Wind trägt die Blätter fort

Alter: ab 5 Jahren
SpielerInnen: ab 2 Personen

Das folgende Spiel ist nach dem Prinzip des alten Kinderspiels »Alle Vögel fliegen hoch!« aufgebaut. Allerdings werden bei dieser Variation lediglich Dinge aus der Natur genannt, die der Wind fortbewegen kann.

Die Kinder bilden einen Kreis und warten ab, bis der Spielleiter beispielsweise folgenden Satz sagt: »Der Wind trägt die Blätter fort!« Nun müssen alle Kinder blitzschnell reagieren und ihre Arme hoch in die Luft heben. Wenn aber der Spielleiter eine Unwahrheit wie »Der Wind trägt die Bäume fort!« formuliert, sollten alle Kinder regungslos stehen bleiben. Wer falsch reagiert, muss ein Pfand abgeben. Nach einigen Spielrunden bekommen die Kinder ihr Pfand zurück. Danach darf ein anderes Kind die Rolle des Spielleiters übernehmen.

Die Pfandrückgabe könnte mit einer Aufgabe verbunden sein, die gelöst werden soll: z.B. den Namen eines Tieres oder einer Pflanze nennen, die in der Umgebung zu finden sind, oder die Bezeichnung einer Wetterlage finden (Nebel, Gewitter, Nieselregen, Hitze …).

Puh, da bläst der Wind! Kinder wollen wissen, wie die Dinge zusammenhängen: Warum schneit es, wie kommt der Regen in die Wolken, warum gibt es Blitz und Donner? Spiele rund um das Wetter machen neugierigen Fragern besonders Spaß.

Wenn es kalt wird, wärme mich!

Alter: ab 4 Jahren
SpielerInnen: ab 6 Personen

Für das Spiel »Wärme mich!« wird ein überschaubares Spielfeld vereinbart, in dem sich eine Gruppe mit einer ungeraden Teilnehmerzahl bewegen darf. Ein Kind aus der Gruppe steht außerhalb des Spielfelds und beobachtet die Kinder, bis es irgendwann »Es weht ein eisiger Wind!« ruft. Jetzt müssen blitzschnell zwei Kinder aufeinander zugehen und sich umarmen bzw. sich gegenseitig wärmen. Wer keinen Partner findet, darf in der nächsten Runde die Ansage übernehmen.

Was macht der Wind mit den Blättern?

Alter: ab 4 Jahren
SpielerInnen: ab 2 Personen

Wenn uns draußen der Wind um die Nase weht, können die Kinder das folgende Spiel ausprobieren. Dazu brauchen alle Kinder jeweils zwei große Blätter, die sie z.B. im Wald sammeln können.

Das jüngste Kind beginnt und spielt einen Laubbaum. Dazu stellt es seine Füße etwa hüftbreit nebeneinander auf den Boden. In dieser Ausgangsposition werden die Knie leicht gebeugt. Der Oberkörper bleibt gerade und die Arme, die die Äste des Baums darstellen, streckt das Kind zur Seite aus. Sobald es einen »festen Stand« hat, legt ihm ein Kind aus der Gruppe jeweils ein Blatt auf die beiden Hände. Nun beobachtet die Gruppe aufmerksam die Blätter, bis der Wind sie von den Händen weht. Werden beide Blätter fortgetragen, darf ein anderes Kind einen Laubbaum spielen. Sind alle Kinder an die Reihe gekommen, dann können u.a. folgende Fragen gemeinsam geklärt werden:

- »Wie fühlte sich das Blatt auf der flachen Hand an? Schwer oder leicht?«
- »Was passiert mit den Blättern, wenn ein starker Wind weht?«
- »Welche Naturmaterialien kann der Wind besonders leicht fortbewegen?«

Die Erscheinungsformen des Windes

Alter: ab 5 Jahren
SpielerInnen: ab 3 Personen

Bei diesem Spiel lernen die Kinder die unterschiedlichen Erscheinungsformen des Winds kennen. Dazu überlegen sie sich zunächst, wie sie den unsichtbaren Wind wahrnehmen und darstellen können. Danach können für die verschiedenen Windstärken folgende Bewegungsformen vereinbart werden:

- Sanfte Brise = leise schleichen
- Sturm = wild umherrennen
- Wirbelwind = sich drehen wie ein Kreisel
- Windstille = regungslos stehen bleiben

Können die Kinder die einzelnen Bewegungsformen den verschiedenen Windstärken zuordnen, dann vereinbaren sie ein überschaubares Spielfeld, in dem sie sich zu den Anweisungen eines Kindes aus der Gruppe bewegen. Ruft das Kind beispielsweise »Windstille!«, dann müssen alle Kinder blitzschnell reagieren und in ihrer angefangenen Bewegung verharren. Wer als Erstes regungslos stehen bleiben konnte, darf eine neue Anweisung geben.

Das Wetterhahnspiel

Alter: ab 5 Jahren
SpielerInnen: ab 4 Personen

Bei diesem Spiel darf ein Kind den Wetterhahn darstellen. Je nachdem, in welche Richtung sich der Hahn dreht, wird den Kindern verraten, ob es draußen warm, kalt, regnerisch oder trocken wird.

Damit die Kinder die vier Himmelsrichtungen gut unterscheiden können, wird mit zwei langen Seilen ein Kreuz gelegt, in dessen Mitte sich das Kind stellt. An jedes Seilende legen die Kinder ein Kleidungsstück, welches auf das entsprechende Wetter hinweist. So kann für den Süden eine Badehose, für den Norden eine Mütze, für den Westen ein Regenhut und für den Osten ein Pullover verwendet werden. Sind die vier Kleidungsstücke platziert, rennen die Kinder umher und warten ab, bis sich das Kind dreht und in eine Richtung schaut. Sehen die Kinder beispielsweise, dass ein Südwind aufkommt, müssen sie blitzschnell zu der Badehose laufen. Wer als Erster ankommt, darf die Rolle des Wetterhahns übernehmen.

Die Verknüpfung Westen/Regenhut/regnerisch und Osten/Pullover/trocken ist sicher nicht so unmittelbar logisch wie die von Süden/Badehose/heiß und Norden/Mütze/kalt. Wenn Sie jedoch diese oder nach Wunsch auch andere Kleidungsstücke ganz klar festlegen, wird es den Kindern nicht schwer fallen, sich daran zu halten.

Die Windbrise spüren

Alter: ab 5 Jahren
SpielerInnen: ab 2 Personen

Während sich ein Kind bequem mit dem Rücken auf eine Decke legt, spielt das andere Kind den Wind, der sanft auf den Körper des liegenden Kindes pustet. Damit das Ausatmen bzw. das Pusten langsam und gleichmäßig erfolgt, muss das Kind zuvor tief einatmen. Um das Atemvolumen zu steigern, versucht das Kind vor jedem Pusten noch etwas kräftiger einzuatmen. Aufmerksam verfolgt das liegende Kind jede Windbrise und versucht sich die angepusteten Körperstellen gut zu merken. Danach öffnet das Kind seine Augen und steht langsam über die Seitenlage wieder auf. Nachdem das Kind die einzelnen Körperstellen aufzählen konnte, werden die Rollen gewechselt. Anschließend können folgende Fragen miteinander besprochen werden:

- »War die Windbrise auf dem Körper angenehm oder unangenehm?«
- »Gab es Körperbereiche, bei denen man die Windbrise besonders intensiv wahrnehmen konnte?«
- »Konnte die Windbrise auch auf der Kleidung wahrgenommen werden?«

Achtung, Sturmwarnung!

Alter: ab 4 Jahren
SpielerInnen: ab 3 Personen

Mehrere Bäume, die nicht zu weit voneinander entfernt stehen, sind für dieses Spiel hervorragend geeignet. Dabei gehen die Kinder so lange zwischen den Bäumen umher, bis der Spielleiter laut »Achtung, Sturmwarnung!« ruft. Jetzt müssen alle Kinder sofort reagieren und sich einen Baum suchen, an dem sie sich festhalten können. Danach darf das Kind, welches als Erstes einen Baum umarmen konnte, den kraftvollen Sturm in der nächsten Spielrunde ankündigen.

Variante:

Die Kinder spielen Tiere, die auf der Wiese leben. Sobald der Spielleiter »Achtung, Sturmwarnung!« ruft, sollen sich alle Kinder möglichst schnell hinter einem Busch oder einer Hecke verstecken.

Regenwürmer, passt auf!

Alter: ab 4 Jahren
SpielerInnen: ab 3 Personen

Wenn es regnet, sammelt sich Regenwasser in den Erdgängen des Regenwurms an. Um nicht zu ertrinken, kommt der Regenwurm aus seinen Erdgängen heraus. Sobald aber die Sonne wieder scheint, muss der Regenwurm schnell zurückkriechen. Gelingt das nicht, dann trocknet der Regenwurm aus.

Damit die Kinder spielerisch die Verhaltensweise des Regenwurms kennen lernen, dürfen sie in dem folgenden Spiel kleine Würmer darstellen, die im Regen umherkriechen. Ruft der Spielleiter »Sonne!«, dann müssen sie sofort reagieren und möglichst schnell wieder in die Erde zurückkehren. Dazu legen sich alle Kinder ganz flach auf den Boden. Erst wenn der Spielleiter »Regen!« ruft, kommen alle »Regenwürmer« wieder aus ihren Erdgängen heraus und das Spiel beginnt erneut.

Die Farben des Regenbogens suchen

Alter: ab 5 Jahren
SpielerInnen: ab 1 Person

Sobald ein leichter Nieselregel fällt und dabei die Sonne scheint, können wir am Himmel einen wunderschönen Regenbogen entdecken, der in den Farben Rot, Orange, Gelb, Grün, Blau und Violett erscheint. Damit die Kinder die Farben des Regenbogens spielerisch kennen lernen, sollen sie gemeinsam die Regenbogenfarben in der Natur wieder finden. Aufmerksam schauen sich die Kinder um, bis sie beispielsweise rote und orange Beeren oder Blumen, die gelbe Sonne, ein grünes Blatt etc. entdecken können.

Zu Hause bzw. in der Einrichtung erhalten die Kinder Papier und Stifte, um den Regenbogen mit seinen leuchtenden Farben zu malen.

Wunderschöne Märchen, Spielideen, Bilder und Verse zu den Farben des Regenbogens hat die Spielpädagogin Susanne Stöcklin-Meier in ihrem Buch *Unsere Welt ist bunt! Mit Geschichten, Versen und Spielen die Farben entdecken* gesammelt. Dazu gibt es die gleichnamige CD.

Das Wetter-Ratespiel

Alter: ab 5 Jahren
SpielerInnen: ab 2 Personen

Ein Kind spielt das Wetter und muss sich überlegen, ob es morgen regnerisch, stürmisch, sonnig oder kalt wird. Um herauszufinden, wie das Wetter wird, kann ein Kind aus der Gruppe folgende Frage stellen: »Kann ich morgen eine kurze Hose anziehen?«

Wenn das Kind mit »Nein!« antwortet, darf ein anderes Kind eine weitere Frage formulieren. Wird die Frage bejaht, dann kann es entweder noch eine Frage stellen oder bereits erraten, dass es morgen sonnig wird. Wurde die Lösung gefunden, beginnt eine neue Raterunde.

Was ziehe ich an?

Alter: ab 5 Jahren
SpielerInnen: ab 2 Personen

Ein Kind aus der Gruppe beginnt und sagt beispielsweise: »Draußen regnet es und ich ziehe meine Gummistiefel an.« Nun kommt das nächste Kind an die Reihe. Es wiederholt den Satz und fügt ein weiteres Kleidungsstück, wie einen Regenmantel, hinzu. Indem alle Kinder nacheinander den Satz wiederholen und mit einem passenden Kleidungsstück ergänzen, wird der Wortschatz erweitert und das Gedächtnis geschult. Sobald ein Kind den Satz nicht wiederholen oder kein weiteres Kleidungsstück für Regenwetter benennen kann, ist das Spiel beendet.

Pfützenschleicher

Alter: ab 4 Jahren
SpielerInnen: ab 3 Personen

Wenn es draußen geregnet hat, können die Kinder das folgende Spiel spielen, für das sie lediglich Gummistiefel und eine große Pfütze brauchen, um die sie einen Kreis bilden.

Danach schließt ein Kind aus der Gruppe seine Augen, während der Spielleiter behutsam ein anderes Kind auf die Schulter tippt. Spürt dieses die Berührung, muss es möglichst unbemerkt durch die Pfütze gehen. Glaubt das Kind zu hören, dass sich das Kind in der Pfütze befindet, dann ruft es laut: »Stopp!« Jetzt muss der »Pfützenschleicher« wieder auf seinen Platz zurückkehren. Erst wenn es einem Kind gelingt, unbemerkt durch die Pfütze zu kommen, tauschen die beiden Kinder ihre Rollen.

Die Sonne schmelzt das Eis

Alter: ab 4 Jahren
SpielerInnen: ab 5 Personen

Zwei Kinder aus der Gruppe spielen den kalten Frost, ein weiteres Kind die warme Sonne.

Sind die Rollen verteilt, rennen die übrigen Kinder los. Wird ein Kind vom Frost berührt, erstarrt es zu Eis und bleibt so lange regungslos stehen, bis es vom dritten Kind umarmt wird. Spürt das Kind die warme Sonne, dann darf es wieder losrennen. Konnten alle Kinder einmal eingefroren werden, dann werden die drei Kinder, die Frost und Sonne dargestellt haben, abgelöst.

Besonders viel Spaß macht den Kindern dieses Spiel, wenn sie vorher im Gefrierfach Eiswürfel herstellen und sie draußen durch die Sonne zum Schmelzen bringen. Dann können sie das Experiment im Spiel nachvollziehen.

Ein Platz unter meinem Schirm ist leer

Alter: ab 3 Jahren
SpielerInnen: ab 5 Personen

Ändert man das bekannte Kennenlernspiel »Mein rechter Platz ist leer« etwas ab, dann eignet sich das Spiel auch für draußen, wenn es regnet.

Dazu stehen alle Kinder bis auf eines zu zweit unter einem Regenschirm im Kreis. Das Kind, welches sich alleine unter seinem Schirm befindet, beginnt das Spiel und sagt: »Ein Platz unter meinem Schirm ist leer, ich wünsche mir die Johanna her!« Um möglichst rasch ins Trockene zu gelangen, rennt das aufgerufene Kind los und stellt sich unter den Schirm des anderen Kindes. Jetzt muss das Kind, welches verlassen wurde, den Satz wiederholen und dabei einen anderen Namen aufrufen.

Variante:
Bevor das aufgerufene Kind seinen Platz verlässt, fragt es: »Als was für ein Tier soll ich kommen?« Nun darf sich das Kind noch ein beliebiges Tier wünschen, welches das fragende Kind pantomimisch darstellen muss. Sobald es sich neben dem anderen Kind befindet, darf das Kind, welches jetzt alleine unter seinem Schirm steht, das Spiel erneut beginnen.

Mit Schattenbildern spielen

Alter: ab 5 Jahren
SpielerInnen: ab 1 Person

Wenn draußen die Sonne scheint, können die Kinder nicht nur ihren eigenen Schatten, sondern auch jede Menge Schattenbilder in der Natur entdecken, die sich im Laufe eines Tages immer wieder verändern. Wurden die Kinder auf die Schattenbilder in ihrer Umgebung aufmerksam gemacht, sammeln sie verschiedene Naturmaterialien, wie Kieselsteine und Zapfen, die sie in die Sonne halten. Indem die Kinder die einzelnen Naturmaterialien hin und her bewegen, verändern sich die Schattenbilder ständig, sodass die Fantasie der Kinder angeregt wird. So kann das Schattenbild eines Zapfens wie ein Baum und das Schattenbild einer Blüte wie eine Sonne aussehen.

Wer Schattenbilder mit Kindern herstellt, wird sicherlich vom enormen Ideenreichtum der Kinder erstaunt sein. Vielleicht kann man die Umrisse mit Kreide auf dem Boden nachziehen oder mehrere Schattenbilder zu einer ganzen Szene kombinieren?

Den Regen mit allen Sinnen erleben

Alter: ab 4 Jahren
SpielerInnen: ab 2 Personen

Sollen Kinder bei Regenwetter in der Stube bleiben? Keineswegs, denn jetzt ist die Gelegenheit, dass Kinder mit allen Sinnen die Regentropfen erleben.

Dazu stellen sich die Kinder paarweise gegenüber. In dieser Ausgangsposition können sie einerseits das Nass auf der Haut fühlen und andererseits die Spuren, die das Wasser auf dem Körper ihres Partners hinterlässt, beobachten.

Sicherlich finden die Kinder es lustig, wenn sie sehen, wie das Wasser von der Nasenspitze des Partners tropft. Nach einer Weile schließen die Kinder ihre Augen und lauschen der »Regenmusik«. Wer möchte, kann die Zunge rausstrecken und die dicken Regentropfen schmecken. Danach öffnen die Kinder wieder ihre Augen und beschreiben ihre Eindrücke und Erlebnisse. Hierbei dürfen die Kinder auch berichten, ob sie eher gern oder ungern im Regen spielen!

Auf geeignete Kleidung achten, damit alle wirklich Spaß beim Spielen haben! Besonders schön ist das Zurückkommen nach Hause oder in die Einrichtung, wenn schon vorher alles für eine gemütliche Rückkehr vorbereitet wurde (z.B. Decken, Kakao etc.).

Wie weit ist das Gewitter von uns entfernt?

Alter: ab 5 Jahren
SpielerInnen: ab 2 Personen

Wenn es blitzt und nicht gleich donnert, ist das Gewitter noch weit entfernt. Sehen wir aber das Licht des Blitzes, auf den rasch der Schall des Donners folgt, dann zieht das Gewitter in diesem Augenblick über dem Ort hinweg. Damit Kinder die Entfernung des Gewitters besser einschätzen lernen, bietet sich folgendes Spiel an, welches besonders eindrucksvoll bei Dämmerung dargestellt werden kann:

Immer zwei Kinder stellen sich in einer Entfernung von etwa fünf Metern gegenüber, sodass sie sich gut sehen können. Eines spielt den Blitz, das andere den Donner. Damit das Licht des Blitzes gut zu erkennen ist, bekommt das erste Kind eine Taschenlampe. Um eindrucksvoll den Donner zu spielen, erhält das zweite Kind eine Handtrommel.

Aufmerksam wartet das zweite Kind ab, bis das erste Kind kurz seine Taschenlampe an- und ausknipst. Sieht das zweite Kind, wie das Licht aufleuchten, dann beginnt es langsam bis fünf zu zählen. Danach schlägt es kräftig auf die Trommel und geht einen großen Schritt auf das erste Kind zu. Stehen beide Kinder wieder ruhig auf ihren Plätzen, blitzt es erneut. Nun zählt das zweite Kind langsam bis vier. Anschließend trommelt es wieder einmal kräftig und geht einen weiteren großen Schritt auf das erste Kind zu. Auf diese Art wird das Spiel

Viele Kinder haben Angst, wenn es draußen blitzt und donnert. Gewitter wirken auf Kinder häufig bedrohlich, vor allem das laute Geräusch und die plötzliche Helligkeit erschrecken. Um die Angst der Kinder vor einem Gewitter zu mindern, kann der Spielleiter die nun folgende Geschichte erzählen, welche zwei Kinder aus der Gruppe entsprechend darstellen.

so lange fortgesetzt, bis beide Kinder voreinander stehen. In diesem Moment ist das Gewitter direkt über uns, sodass jetzt Blitz und Donner schnell aufeinander folgen!

Keine Angst vor dem Gewitter!

Alter: ab 5 Jahren
SpielerInnen: ab 2 Personen

»Wenn es im Sommer sehr heiß ist, suchen wir uns einen kühlen Platz. So geht es auch der warmen Luft, die schnell in die Höhe steigt.«

Ein Kind spielt die warme Luft und klettert auf einen Baumstamm.

»Hoch oben prallt dann die warme Luft mit der kalten Luft zusammen.«

Auf dem Baumstamm steht ein weiteres Kind, das die kalte Luft darstellt. Die Kinder gehen aufeinander zu, bis sie sich an den Händen fassen können.

»Nun versuchen sich die warme und die kalte Luft gegenseitig zu verdrängen.«

Die Kinder üben mit ihren Händen einen leichten Druck aufeinander aus.

»Dabei reiben sich die Luftmengen ganz stark, sodass elektrische Funken entstehen, die wir Blitze nennen.«

Der Spielleiter knipst mehrmals kurz hintereinander seine Taschenlampe an und aus.

»Wenn wir es krachen hören, sprechen wir vom Donner. Obwohl der Donner sehr laut sein kann, ist der Donner im Gegensatz zum Blitz ungefährlich.«

Der Spielleiter trommelt kräftig auf seiner Handtrommel.

»Wer ein Gewitter erlebt, der darf sich nicht unter einem hohen Baum oder im Wasser aufhalten. Am besten ist es, wenn ihr in die Hocke geht und euch dabei duckt. Zu Hause braucht ihr euch allerdings nicht zu fürchten, da jedes Haus einen Blitzableiter hat.«

Das Tausendfüßler-Pfützenspiel

Alter: ab 4 Jahren
SpielerInnen: ab 2 Personen

Wie ein Tausendfüßler gehen die Kinder hintereinander her und halten sich an der Hüfte ihres Vordermanns fest. Nach einer Weile schließen alle Kinder bis auf das erste in der Reihe ihre Augen. Nun führt es die Gruppe behutsam durch mehrere Regenpfützen. Anschließend bittet es die anderen, ihre Augen zu öffnen. Jetzt dürfen sie erraten, durch wie viele Pfützen sie gelaufen sind. Wurde die richtige Zahl genannt, darf ein anderes Kind die Gruppe anführen.

Variante:

Während ein Kind die Augen geschlossen hält, wird es von einem anderen geführt. Sobald das »blinde« Kind glaubt, dass es sich in einer Pfütze befindet, ruft es laut »Stopp!«. Stehen die beiden Kinder tatsächlich in einer Pfütze, darf das Kind seine Augen öffnen. Danach werden die Rollen gewechselt.

Abdrücke im Schnee

Alter: ab 5 Jahren
SpielerInnen: ab 3 Personen

Wenn draußen der erste Schnee liegt, machen die Kinder einen Waldspaziergang, bei dem sie gemeinsam sechs verschiedene Naturgegenstände sammeln dürfen. Konnten die Kinder beispielsweise ein Stück Buchenrinde, eine Eichel, einen Stein, einen Fichtenzapfen, einen Zweig mit Nadeln und ein leeres Schneckenhaus finden, schließen alle Kinder bis auf eines die Augen. Jetzt drückt das Kind beispielsweise ein Stück Buchenrinde vorsichtig in den mit frischem Schnee bedeckten Waldboden, sodass ein Abdruck entsteht. Danach öffnen die Kinder wieder ihre Augen. Wer jetzt als Erster errät, dass der Abdruck von der Buchenrinde stammt, darf das Spiel wiederholen.

Die Walnuss im Schnee finden

Alter: ab 4 Jahren

SpielerInnen: ab 3 Personen

Vor einer mit frischem Schnee bedeckten großen Wiese schließen alle Kinder bis auf eines die Augen. Nun erhält das Kind beispielsweise eine Walnuss, die es auf die verschneite Wiese legt. Wurde die Aufgabe erfüllt, geht das Kind wieder leise zu seiner Gruppe zurück. Jetzt öffnen die Kinder ihre Augen und verfolgen die Spuren, die das Kind im Schnee hinterlassen hat. Danach darf das Kind, welches die Walnuss als Erstes entdecken konnte, die Gruppe zu einer neuen Suchrunde einladen.

Je öfter das Spiel gespielt wird, desto mehr Spuren sind im Schnee, sodass die Walnuss immer schwieriger zu finden ist. Damit trotzdem die Suche gelingt, können sich die Kinder die Stiefelsohlen von demjenigen, der gerade die Walnuss versteckt hat, genau anschauen und mit den Abdrücken im Schnee vergleichen!

Die Wald-Wiesen-Schneeballschlacht

Alter: ab 4 Jahren

SpielerInnen: ab 6 Personen

Auf einer mit frischem Schnee bedeckten Wiese wird zunächst eine etwa 10 Meter lange Linie mit einem Stock in den Schnee gezogen oder mit Wollschals gekennzeichnet.

Danach bilden die Kinder zwei gleich große Gruppen, die sich an der Startlinie gegenüberstellen. Während die Kinder jeweils fünf große Schritte rückwärts gehen, teilt der Spielleiter mit, dass die eine Gruppe zur Waldmannschaft und die andere zur Wiesenmannschaft gehört. Gibt der Spielleiter ein Zeichen, beginnt zwischen den beiden Gruppen eine große Schneeballschlacht. Wurde ein Kind getroffen oder berührt ein Kind die Startlinie, dann muss es die Gruppe wechseln. Stehen alle Kinder auf einer Seite, dann ist das Spiel beendet.

Wie fest ist das Eis?

Alter: ab 4 Jahren
SpielerInnen: ab 1 Person

Sind die Pfützen gefroren, können die Kinder ausprobieren, wie stark die Eisschicht ist. Dazu machen sie sich zunächst auf die Suche nach unterschiedlich schweren Naturmaterialien. Konnten die Kinder beispielsweise eine Vogelbeere, einen Lärchenzapfen, ein Stück Buchenrinde und einen schweren Stein finden, dann knien sie sich vor eine gefrorene Pfütze hin. Zunächst legen sie ein leichtes, dann ein immer schwereres Naturmaterial auf die Eisschicht. Wer glaubt zu wissen, wann das Eis bricht? Alle Kinder können einen Tipp abgeben!

Klanggeschichten können mit Körpergeräuschen und einfachen Naturmaterialien begleitet werden. Statt die in diesem Kapitel vorgeschlagenen Geräuschquellen zu verwenden, können Sie die Kinder auch anregen, eigene Ideen zu entwickeln.

Klanggeschichten mit dem eigenen Körper und einfachen Naturgegenständen

4 Klanggeschichten zu den einzelnen Jahreszeiten zum Mitsprechen und Mitspielen

Die Freude der Kinder am Musizieren hat die Industrie längst entdeckt. Mittlerweile gibt es zahlreiche Kinderinstrumente, die durchaus sinnvoll, aber sehr kostspielig sein können. Viel ideenreicher und spannender als gekaufte Instrumente sind allerdings der eigene Körper und Naturgegenstände, mit denen Kinder hervorragend Geräusche produzieren können. Der eigene Körper selbst bietet schon eine Palette von verschiedenen Geräuschen. Laut mit der Zunge schnalzen, rhythmisch in die Hände klatschen, leise mit den Fingern schnipsen oder kräftig auf den Boden stampfen ist für alle Kinder mit viel Spaß verbunden. Sie sind stolz darauf, wenn sie unterschiedliche Geräusche erzeugen und der Gruppe präsentieren dürfen. Die Erfahrung, mit dem eigenen Körper spontan Musik machen zu können, wirkt sich zudem positiv auf das Selbstvertrauen der Kinder aus.

Kinder sind stolz darauf, wenn sie neue eigene Fähigkeiten entdecken.

Ebenso wie der eigene Körper können auch Naturgegenstände als einfache Instrumente verwendet werden. Eine Fülle von verschiedenen Naturgegenständen, mit denen sich unterschiedliche Geräusche erzeugen lassen, sind beispielsweise im Wald zu finden.

Nachdem die Kinder mit dem eigenen Körper und den gesammelten Naturgegenständen ausgiebig verschiedene Geräusche ausprobiert haben, bieten sich die folgenden vier Klanggeschichten an, bei denen die Kinder sowohl Geräusche erzeugen als auch etwas über die einzelnen Jahreszeiten und die wesentlichen Veränderungen in der Natur erfahren können.

Die lebendige Frühlingszeit

Klanggeschichte	Körperteil / Naturgegenstand	Spielvorschlag
Im Frühjahr wird die Welt viel bunter, jetzt scheint die Sonne wieder auf uns herunter.	Mund	Einen langen Ton summen
Die wärmenden Sonnenstrahlen locken die Menschen aus dem Haus, viele gehen in die Natur hinaus.	Füße	Stampfen
Igel, Murmeltier und Haselmaus wachen auf und kommen aus ihren Winterquartieren heraus.	Mund Füße	Gähnen Heftig auf der Stelle trippeln

Klanggeschichte	Körperteil / Naturgegenstand	Spielvorschlag
Die ersten Blumen duften fein in ihre Schnuppernäschen rein.	Mund	Kurze Töne summen
Auch Baumpieper, Weidenlaubsänger und Wendehals erfreuen die Menschen wieder mit ihren schönen Liedern.	Mund	»Zia-zia-zia …« (Baumpieper) »Zilp-zalp-zilp …« (Weidenlaubsänger) »Kjä-kjä-kjä …« (Wendehals)
Und der Buntspecht zimmert fein die Höhle für seine Kinderlein.	Holzstück und Finger	Mit den Fingern laut auf das Holz klopfen
Zwar bekommt man den Kuckuck kaum zu Gesicht, doch hört man häufig den kleinen Wicht.	Mund	»Kuck-kuck, kuck-kuck«
Nun fliegen mit viel Gesumm die Bienen auf der farbenfrohen Blumenwiese herum.	Mund	Lange Töne summen
Geschäftige Ameisen und langsame Schnecken kann man jetzt überall entdecken.	Zwei kurze Stöcke Hände	Leise und kurze Schläge Handflächen aufeinander legen und kreisförmig bewegen
Auf Wald und Wiese kannst du viel sehen, geh hinaus und du wirst die Natur verstehen.	Füße	Stampfen

Die fröhliche Sommerzeit

Klanggeschichte	Körperteil / Naturgegenstand	Spielvorschlag
Im Sommer kann man auf der Wiese barfuß gehen und die Blumen blühen sehen.	Füße	Stampfen
Auf den Stängeln krabbeln munter die kleinen Käfer hinauf und herunter.	Zwei kurze Stöcke	Leise und kurze Schläge
Kirschen und Erdbeeren sind jetzt reif und schmecken besonders gut zum Eis.	Mund	Schmatzgeräusche
Aus den Eiern schlüpfen die Jungen der Vögel aus, denn sie wollen in die Welt hinaus.	Hühnerei	Leicht mit den Fingern gegen das Ei klopfen
Wenn wir durch den dicht belaubten Wald spazieren gehen, können wir die noch nicht voll entwickelten Vögel sehen.	Füße	Stampfen
Jetzt erfreuen uns viele Pflanzenarten und der See lädt uns ein zum Baden.	Schüssel mit Wasser	Mit den Füßen oder den Händen im Wasser planschen
Das angenehme Nass macht auch den Schnatterenten viel Spaß!	Mund	Lautes »Räk, räk, räk …«

Klanggeschichte	Körperteil / Naturgegenstand	Spielvorschlag
Die lauten Rufe des Laubfroschs erklingen in unserem Ohr, oftmals zu hören auch im Chor.	Mund	Laute Rufreihe »Käkäkäkä ...«
Auch die Fische schwimmen munter umher, Lachse erreichen sogar das Meer.	Mund	»Blubb, blubb, blubb ...«
Während der Mittagssonne ruhen sich viele Menschen aus und gehen erst gegen Abend in die Natur hinaus.	Mund Füße	Schnarchgeräusche Stampfen

Die bunte Herbstzeit

Klanggeschichte	Körperteil / Naturgegenstand	Spielvorschlag
Im Herbst werden die Blätter bunter, der Wind bläst sie von den Bäumen herunter.	Mund	Pusten
Das Laub raschelt beim Gehen, Eichel und Bucheckern kann man auf dem Waldboden sehen.	Laub	Füße auf einem Laubhaufen hin und her bewegen

Klanggeschichte	Körperteil / Naturgegenstand	Spielvorschlag
Viele Pflanzenreste auf dem Weg werden von kleinen Tieren zerlegt.	Mund	Schmatzgeräusche
Die Kinder heben die Kastanien auf und nehmen sie in ihrem Körbchen mit nach Haus.	Kastanien	Leise zwei Kastanien gegeneinander klopfen
Nun fängt es wieder öfter an zu regnen, das ist für die Natur ein großer Segen.	Schüssel mit Wasser	Finger in das Wasser eintauchen, herausnehmen und das Wasser von den Fingern tropfen lassen
Allmählich wird es draußen kälter und kahler werden unsere Wälder.	Mund	Mit den Zähnen klappern
Schwalbe, Star und Wendehals fliegen fort, weit weg zu einem warmen Ort.	Blätter	Jeweils ein Blatt auf ein anderes schlagen (Flügelschlag)
Auch dem Kuckuck wird es langsam zu kalt. Darum verlässt er nun den Wald.	Blätter	Ein Blatt auf ein anderes schlagen (Flügelschlag)
Jetzt zur Wein- und Erntezeit gibt es wohlschmeckende Früchte weit und breit.	Mund	Schmatzgeräusche
Haselmaus und Igel legen sich ein Fettpolster zu und schlafen im Winter in aller Ruh.	Mund	Erst Schmatz-, dann Schnarchgeräusche

Die stille Winterzeit

Klanggeschichte	Körperteil / Naturgegenstand	Spielvorschlag
Im Winter ist es kalt, schneebedeckt ist der Wald.	Mund	Mit den Zähnen klappern
Die Zapfen von den Fichten fallen herunter und machen den weiß gezuckerten Waldboden etwas bunter.	Fichtenzapfen	Jeweils zwei Zapfen gegeneinander klopfen
Viele Tiere ruhen sich in ihrem Winterquartier aus und kommen erst im Frühjahr wieder heraus.	Mund	Schnarchgeräusche
Bergfink, Rotdrossel und Wintergoldhähnchen sind nun im Wald zu Gast. Sie fliegen munter von Ast zu Ast.	Blätter	Jeweils ein Blatt auf ein anderes schlagen (Flügelschlag)
Der Waldbaumläufer klettert auf der Rinde hin und her, nach Nahrung suchen ist im Winter sehr schwer.	Kieselstein und Rindenstück	Kieselstein leise gegen die Rinde klopfen
Doch der Waldbaumläufer ist nicht dumm, auf der Suche nach Samen zieht er mit den Meisen herum.	Blätter	Jeweils ein Blatt auf das andere schlagen (Flügelschlag)

Klanggeschichte	Körperteil / Naturgegenstand	Spielvorschlag
Dankend picken sie die Sämereien aus dem Meisenknödel heraus und fliegen wieder in die Natur hinaus.	Stock und Stein Blätter	Einen Stock leise auf einen Stein klopfen Jeweils ein Blatt auf das andere klopfen (Flügelschlag)
Machen die Kinder auf der Wiese eine Schneeballschlacht, dann wird geschrien und viel gelacht.	Mund	Schreien und lachen
Zu Hause im Kerzenschein schmeckt eine Tasse heißer Tee jetzt fein.	Mund	Schlurfgeräusche
Singen die ersten heimkehrenden Vögel ihre Lieder, kommt die Frühjahrszeit bald wieder.	Mund	Vogelgezwitscher

Gesellschaftsspiele aus Naturmaterialien

8 kreative Gesellschaftsspiele, bei denen Kinder mit allen Sinnen die Natur erleben

Viele Kinder besitzen die unterschiedlichsten Brett-, Tisch- und Kartenspiele, die besonders an verregneten Tagen eine willkommene Abwechslung bieten. Wegen des Überangebots der Spielmöglichkeiten fällt es vielen Kindern jedoch schwer, sich für ein Spiel zu entscheiden und sich auf eine Sache zu konzentrieren. Hinzu kommt, dass die Werbung pausenlos neue Produkte präsentiert und dabei die Wünsche der Kinder weckt. Besitzen Kinder dann endlich auch das zwanzigste Computerspiel, verliert das begehrte Produkt schnell seinen Reiz, sodass sich die Kinder bereits nach kurzer Zeit langweilen.

In übervollen Spielzimmern sind die Kinder von der Masse des Angebots schnell überfordert.

Sollen Kinder fantasievoll und kreativ spielen, empfiehlt es sich, das Spielzeugangebot auf ein Mittelmaß zu reduzieren. Um die Gestaltungsfähigkeiten anzuregen, brauchen Kinder vor allem auch Möglichkeiten, ihre Spiele selbst herzustellen. Dazu benötigen sie lediglich einfache Materialien, die sie draußen in der freien Natur finden und sammeln können. Werden die nachfolgenden Spiele, deren Ursprung in den traditionellen Gesellschaftsspielen liegt, ohne Sieger und Verlierer gespielt, haben alle Kinder Riesenspaß!

Memory mit Naturgegenständen

Alter: ab 4 Jahren
SpielerInnen: ab 2 Personen

Beim Spazierengehen sammeln die Kinder 24 Ahornblätter und jeweils zweimal zwölf verschiedene Naturgegenstände, wie Tannennadeln, kleine Blätter, Vogelbeeren, Grashalme, winzig kleine Steine und Holzstücke.

Anschließend wird unter die Ahornblätter jeweils ein kleiner Naturgegenstand gelegt. Wie beim klassischen Memoryspiel sind alle Naturgegenstände zweimal vorhanden. Danach beginnt ein Kind und deckt zwei beliebige Ahornblätter auf. Findet das Kind beispielsweise zwei Tannennadeln, nimmt es die beiden Nadeln mit den dazugehörigen Blättern weg, um dann zwei weitere Blätter aufzudecken. Können keine gleichen Paare gefunden werden, deckt das Kind die beiden Blätter wieder zu und bittet seinen rechten Sitznachbarn, das Spiel fortzusetzen.

Anders als beim ursprünglichen Memoryspiel, gewinnt bei diesem Spiel nicht ein *Spieler*, sondern die beiden *Naturgegenstände*, die als letztes Paar aufgedeckt werden konnten. Um die Spannung zu steigern, können die Kinder zu Spielbeginn ihren Favoriten bekannt geben.

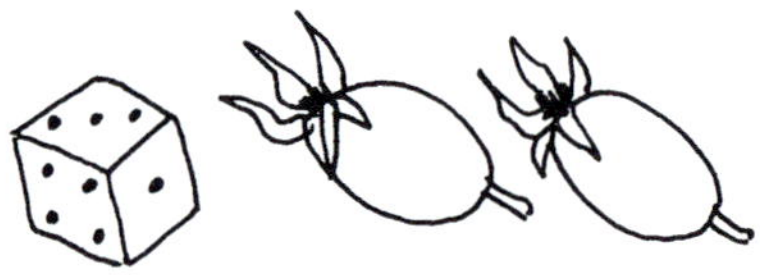

Das große Frage-Legespiel

Alter: ab 5 Jahren
SpielerInnen: ab 3 Personen

Für dieses Spiel braucht jedes Kind mindestens drei verschiedene Naturmaterialien. Zu Beginn legt ein Kind beispielsweise eine Eichel auf den Tisch. Nun stellt das Kind eine Aufgabe, wie beispielsweise ein größeres Naturmaterial daneben zu legen. Glaubt ein Kind beispielsweise einen größeren Kieselstein zu besitzen, dann legt es seinen Kieselstein neben die Eichel auf den Tisch. Nun vergleichen die Kinder die beiden Naturmaterialien miteinander. Konnte das Kind die Aufgabe erfüllen, überlegt es sich zu seinem Kieselstein eine neue Aufgabe, sodass die Schlange immer länger wird.

Kleine Kinder leben noch in einer magischen Welt, in der aus einem Stock ein Hund, aus einem Stein ein Gesicht, aus einem Tannenzapfen ein Zwerg werden kann. Naturmaterialien regen sie zu eigenständigem Gestalten und fantasievollem Spiel an.

Der verborgene Naturschatz

Alter: ab 5 Jahren
SpielerInnen: ab 3 Personen

Der verborgene Naturschatz ist ein lustiges Aufdeck- und Ratespiel nach Dalli-Dalli-Art, für das die Kinder kleine Blätter und ihnen bekannte Naturmaterialien benötigen.

Während alle Kinder die Augen schließen, legt der Spielleiter behutsam mehrere Blätter auf den zu erratenden Gegenstand. Anschließend darf die Gruppe wieder die Augen öffnen. Indem der Spielleiter vorsichtig ein Blatt entfernt und die Kinder beispielsweise den Ausschnitt einer Vogelfeder sehen, beginnt das Ratequiz. Können die Kinder den Gegenstand nicht erkennen, dann wird ein weiteres Blatt entfernt. Erst wenn *alle* Kinder glauben, dass es sich hierbei um eine Vogelfeder handelt, werden die restlichen Blätter entfernt. Danach startet eine neue Spielrunde mit einem weiteren Naturmaterial.

Variante:

Mit einem Stock ein Motiv in den feuchten Sand zeichnen. Danach mit mehreren kleinen Blättern das Motiv abdecken und nach dem Prinzip »Der verborgene Naturschatz« erraten lassen.

Trageast

Alter: ab 4 Jahren
SpielerInnen: ab 2 Personen

Für das spannende Geschicklichkeitsspiel »Trageast«, welches im Wald gespielt werden kann, suchen sich die Kinder einen dicken Ast. Danach sammeln sie beispielsweise Blätter, kleine Stöcke und Steine, die sie nacheinander auf den Ast legen, sodass möglichst kein Naturmaterial auf den Boden fällt. Indem die Kinder die Aufgabe ausführen, wird besonders die Feinmotorik gefördert. Liegen alle gesammelten Naturmaterialien auf dem Ast, ist das Spiel beendet.

Um das gemeinsame Ziel zu erreichen, brauchen die Kinder wachsame Augen und viel Fingerspitzengefühl. Wird das Spiel auf dem Boden sitzend gespielt, erhalten die Kinder durch die neue Perspektive ein besonders spannendes Spielerlebnis.

Domino aus Blättern

Alter: ab 4 Jahren
SpielerInnen: ab 2 Personen

Ähnlich wie beim herkömmlichen Dominospiel lernen die Kinder einfache Motive bzw. Pflanzenblätter zu benennen und zu vergleichen. Im Wald sammeln die Kinder verschiedene Pflanzenblätter, die sie später in die Tischmitte legen. Indem das älteste Kind beispielsweise ein Ahornblatt und ein Buchenblatt aneinander reiht, beginnt das Spiel. Aufmerksam wartet die Gruppe ab, bis das Kind einem anderen Kind zublinzelt. Danach vergleicht das ausgewählte Kind die beiden Blätter mit den übrigen Blättern auf dem Tisch. Sieht das Kind beispielsweise ein Ahornblatt, dann legt es diesen neben das andere Ahornblatt. Anschließend legt das Kind neben sein Ahornblatt ein weiteres Blatt eines anderen Baumes, sodass die Schlange größer wird. Die Kinder setzen das Spiel so lange fort, bis sich möglichst alle Blätter in der Schlange befinden.

La-ub

Alter: ab 5 Jahren
SpielerInnen: ab 2 Personen

Für dieses Spiel brauchen die Kinder Blätter verschiedener Bäume, die sie zu einem Stapel übereinander legen. Nach dem Prinzip des bekannten Kartenspiels »Schnipp-Schnapp« legt ein Kind die oberste Karte bzw. das oberste Blatt in die Tischmitte. Dabei sagt das Kind laut und deutlich: »La!« Indem das zweite Kind mit einem »Ub!« erwidert, nimmt es das nächste Blatt weg und legt dieses auf das Blatt des ersten Kindes. Erkennen die Kinder, dass zwei gleiche Blattarten aufeinander liegen, müssen sie blitzschnell reagieren und laut »Laub!« rufen. Konnten die Kinder ein gleiches Paar entdecken, werden die beiden Blätter zur Seite gelegt. Ist das Spiel beendet, zählen die Kinder die gleichen Paare zusammen.

Gibt es Blattarten, die als Paare öfters vertreten sind?

Wer mag, kann die Blätter anschließend verwenden, um damit zu drucken. Hübsch ist z.B. Brief- oder Geschenkpapier mit einer blättrigen Schmuckleiste. Dafür die Blätter einfach auf einer Seite mit Wasserfarben einpinseln und vorsichtig auf das Papier drücken.

Auf die Plätze und los!

Alter: ab 5 Jahren
SpielerInnen: ab 2 Personen

Die Kinder legen mit einer beliebigen Blattart eine lange Schlange. Unabhängig davon, wie viele Kinder mitspielen, werden auf das erste Blatt drei verschiedene Naturmaterialien, wie beispielsweise ein kleiner Stein, eine Eichel und eine Kastanie, gelegt.

Nun beginnt ein Kind und bittet seinen rechten Sitznachbarn, ganz leise von ein bis fünf zu zählen. Ruft das Kind »Stopp!«, nennt der Sitznachbar eine Zahl, um die das Kind beispielsweise mit dem kleinen Steinchen auf den Blättern vorrückt. Danach kommt ein anderes Kind an die Reihe und wiederholt den Vorgang mit seinem rechten Sitznachbarn. Dafür zieht es mit einem der beiden hinteren Naturmaterialien um die Zahl, die sein Sitznachbar nennt, nach. Weil immer nur mit dem letzten Läufer um die genannte Zahl nachgezogen werden darf, bleibt das Rennen bis zum Ziel äußerst spannend. Welches Naturmaterial wird wohl das Rennen machen?

Zicke-Zacke-Hühnerkacke

Alter: ab 4 Jahren
SpielerInnen: ab 2 Personen

Der Spielleiter legt acht verschiedene Naturmaterialien auf einen Tisch, welche die Kinder aufmerksam betrachten. Sind alle Kinder ganz leise, sagt der Spielleiter beispielsweise: »Zicke-Zacke, hier ist ein Grashalm!« Alle müssen blitzschnell reagieren und nachschauen, ob auf dem Tisch tatsächlich ein Grashalm liegt. Befindet sich das genannte Naturmaterial auf dem Tisch, rufen alle laut: »Zicke-Zacke-Hühnerkacke!« Danach wird der Grashalm entfernt. Reagiert ein Kind falsch, wird ein weiteres Naturmaterial dazugelegt. Auf diese Art wird das Spiel so lange fortgesetzt, bis der Tisch leer ist.

Fingerspiele zum Thema Natur

6 lustige Fingerspiele, bei denen Kinder etwas über die Natur erfahren

Kurze Spielgeschichten, die mit den Händen und den Fingern dargestellt werden, machen kleinen und größeren Kindern viel Spaß. Sie vertreiben schlechte Laune, spenden Trost, sorgen für Kurzweile und tragen oft zu einer innigen Beziehung zwischen Kind und Bezugsperson bei. Außerdem lassen sich durch Fingerspiele auch Außenseiter und Neulinge leichter in die Gruppe integrieren, sodass die Atmosphäre in der Gruppe spürbar verbessert wird.

Darüber hinaus fördern Fingerspiele besonders intensiv die kindliche Fantasie, Feinmotorik und Sprachentwicklung. Dadurch, dass das Kind mithilfe seines Vorstellungsvermögens die Hände und Finger in bestimmte Personen, Tiere und Gegenstände verwandelt und meist nach einem Reim oder Gedicht entsprechend bewegt, wird es von kleinauf mit der geformten Sprache bzw. Dichtung vertraut. Die leicht mitzusprechenden Texte machen bereits jüngeren Kindern spürbar Freude und trainieren so ganz nebenbei das Gedächtnis.

Fingerspiele unterstützen Sprachentwicklung, Erfindungsgabe und Vorstellungskraft!

Auf spielerischer Art beschäftigen sich die nachfolgenden Fingerspiele mit dem, was die Kinder in der Natur beobachten können. Dabei wird zumindest ahnungsweise das, was draußen geschieht, auch in geschlossenen Räumen erfahrbar gemacht. Somit können die aufgeführten Fingerspiele gezielt eingesetzt werden, um Kinder an Naturthemen heranzuführen, aber auch um das Wissen der Kinder wachzuhalten und zu vertiefen.

Die kleine Schnecke und der große Berg

Alter: ab 4 Jahren
SpielerInnen: ab 1 Person

Eine kleine Schnecke kriecht den Berg hinauf,
schnauft – und ruht sich oben auf der Spitze aus.
Schaut sich um und entdeckt ein grünes Blatt,
schmatzt – und frisst sich erst mal richtig satt.
Fühlt sich die kleine Schnecke wieder frisch und munter,
kriecht sie vergnügt den großen, steilen Berg hinunter!

Die Kinder machen eine Faust mit der rechten Hand und strecken dabei ihren Zeigefinger und kleinen Finger aus. Danach führen die Kinder langsam ihre Hand, also die kleine Schnecke, den linken Arm hinauf. Auf der linken Schulter bewegen die Kinder ihre kleine Schnecke behutsam hin und her. Anschließend werden die Schmatzgeräusche nachgeahmt. Ist die kleine Schnecke satt, wird die Hand wieder langsam am Arm hinuntergeführt.

Der kurze Regenschauer

Alter: ab 3 Jahren
SpielerInnen: ab 1 Person

Tipp, tapp, tipp, tapp, Tröpfchen,
es regnet auf mein Köpfchen.
Spanne ich mein Schirmchen auf,
sehe ich ganz trocken aus.
Kommt der Regen wieder zur Ruh,
mache ich mein Schirmchen zu!

Die Kinder trommeln mit ihren Fingerspitzen behutsam auf ihren Kopf. Danach wird mit den Händen ein Dach über dem Kopf gebildet. Verstummt der Regen, legen die Kinder ihre Hände auf die Oberschenkel.

Kinder lieben Wiederholungen. Wer weiß, wie's weitergeht, fühlt sich sicher und kann selbst mitmachen. Die Kinder sollten daher Gelegenheit bekommen, ein Fingerspiel ausgiebig zu hören und die Bewegungen einzuüben, bevor sie ein neues lernen.

Beim Erlernen der Worte und begleitenden Bewegungen von Fingerspielen sind Kinder mit Begeisterung und Ausdauer dabei. Besonders viel Spaß macht es ihnen, wenn sie selbst auch einmal Gesten oder Gebärden vorschlagen dürfen.

Was machen die Mäuschen?

Alter: ab 3 Jahren
SpielerInnen: ab 2 Personen

Der große Bär
kommt schwer daher.
Und die kleinen Hasen
hoppeln über den Rasen.
Nur die flinken Mäuschen
springen in ein Häuschen!

Zwei Spieler sitzen sich gegenüber. Zunächst wird mit den Handflächen langsam auf die Oberschenkel getrommelt. Hoppeln die Hasen, werden die Fingerspitzen auf den Oberschenkeln hin und her bewegt. Erst wenn die Mäuschen springen, kitzeln sich die Spieler gegenseitig unter den Achseln.

Klitsch, klatsch – Regenspaß!

Alter: ab 4 Jahren
SpielerInnen: ab 1 Person

Klitsch, klatsch, die Erde ist ganz nass.
Klitsch, klatsch, meine Füße sind voller Matsch.
Klitsch, klatsch, ein Vögelchen badet in der großen Pfütze.
Klitsch, klatsch, die Tröpfchen fallen auf meine Mütze.
Klitsch, klatsch, ist der Regen aus,
dann kommt die liebe Sonne heraus!

Bei »Klitsch, klatsch« wird zweimal in die Hände geklatscht. Kommt die Sonne heraus, strecken die Kinder beide Arme in die Höhe, um sie dann kreisförmig wieder zum Körper zu führen.

Der Wechsel der Jahreszeiten

Alter: ab 5 Jahren
SpielerInnen: ab 1 Person

Im Frühjahr scheint die Sonne fein
in den großen Wald hinein.
Im Sommer beginnt der Badespaß,
klitsch, klatsch, werden die Kinder nass.
Im Herbst werden die Blätter bunter
und fallen von den Bäumen runter.
Im Winter ruht sich das Igelchen aus
und steht im Frühjahr wieder auf!

Eine gute Hand- und Fingergeschicklichkeit wirkt sich positiv auf das Schreibenlernen, die Feinmotorik und, so wurde in Versuchen nachgewiesen, auch auf die Entwicklung des Gehirns aus.

Scheint die Sonne, heben die Kinder einen Arm in die Luft und zeigen frontal ihre Handfläche. Die Finger bilden die Sonnenstrahlen. Bei »Klitsch, klatsch« klatschen alle zweimal in die Hände. Anschließend werden die Arme in die Luft gehalten und dabei die Finger bewegt. Indem die Kinder ihre Arme langsam zum Körper führen, stellen sie das Fallen der Blätter dar. Schläft das Igelchen, ruht der Kopf, welchen die Kinder leicht nach rechts neigen, auf beiden Händen. Zum Schluss stehen alle Kinder auf und strecken sich!

Das kleine Bienchen

Alter: ab 5 Jahren
SpielerInnen: ab 1 Person

Mit viel Gesumm
fliegt ein kleines Bienchen herum.
Entdeckt es die vielen Blümchen,
holt es die anderen Bienchen.
Mit viel Gesumm
fliegen jetzt zehn Bienchen herum.
Fleißig sammeln sie den Nektar ein
und fliegen gemeinsam wieder heim!

Die Kinder sitzen im Stuhlkreis und verstecken ihre linke Hand hinter ihrem Rücken. Über den Oberschenkeln bewegen sie kreisförmig ihren rechten Zeigefinger, welcher den Flugweg der kleinen Biene beschreibt. Werden die Blümchen entdeckt, bleibt der Zeigefinger kurz auf einem Oberschenkel stehen. Anschließend verschwindet die rechte Hand hinter dem Rücken. Danach kommen beide Hände wieder hervor. Die Hände werden kreisförmig über beide Oberschenkel bewegt und die Finger zappeln hin und her. Wenn die Bienen den Nektar einsammeln, ruhen die Fingerspitzen auf den Oberschenkeln. Zum Schluss werden beide Hände hinter den Rücken geführt.

Besonders viel Spaß machen die Suchspiele, wenn wir losziehen und das, was wir richtig erraten haben, in der Natur finden und vorsichtig betrachten und untersuchen können. Was es da alles zu entdecken gibt!

Rätsel-Suchspiele in der freien Natur

12 spannende Rätsel, bei denen Kinder den gesuchten Begriff erraten und in der Natur wiederfinden sollen

Voller Aufmerksamkeit und Freude sind Kinder dabei, wenn ihnen ein Rätsel vorgelesen wird. Denn unterhaltsame Rätsel, die weder zu lang noch zu schwierig sein dürfen, wecken in hohem Maße die kindliche Neugier, fördern das Vorstellungsvermögen und machen vor allem riesigen Spaß! Gelingt es den Kindern, das Rätsel zu lösen, werden sie zudem in ihrem Können und Selbstbewusstsein gestärkt. Um allen Kindern solche Erfolgserlebnisse zu ermöglichen, enthalten die folgenden Rätsel sechs Sätze, die immer leichter zur Lösung führen. Allerdings sollten die Kinder, die bereits die Antwort kennen, so lange ruhig sein, bis alle Sätze vollständig vorgetragen wurden. Damit die Kinder an das Stillschweigen erinnert werden, kann der Spielleiter vor jedem Rätsel folgenden Satz sagen:

Wenn niemand vorsagt, können alle Kinder ihr Selbstbewusstsein mit einem Erfolgserlebnis stärken.

> *»Während des Rätsels sind wir alle ganz still,*
> *weil niemand die Lösung verraten will!«*

Damit auch die Vorlesenden mitraten können, ist die Lösung verschlüsselt. Wenn man die Zahlen durch Buchstaben gemäß der Reihenfolge des Alphabets ersetzt (die Zahl 1 steht für den Buchstaben A, die Zahl 26 für den Buchstaben Z) oder aber auf Seite 93 nachschlägt, erhält man die Antwort.

Wurden alle Sätze vorgelesen und die richtige Antwort herausgefunden, kann der Spielleiter noch einmal das gesamte Rätsel laut vortragen. Ausgerüstet mit Becherlupen machen sich die Kinder dann auf den Weg, um draußen nach dem betreffenden Lebewesen oder Naturgegenstand zu suchen. Der Aufenthalt im Freien bereitet den Kindern viel Vergnügen und erhöht die Wahrnehmung für die kleinen Dinge in der Natur!

1. Rätsel

1. Du kannst uns fast überall finden.
2. Wir können weder laufen noch sehen.
3. Manche von uns sind sehr schön und wertvoll.
4. In den Händen fühlen wir uns hart und fest an.
5. Leute, die sich mit uns beschäftigen, heißen Geologen.
6. Aus unserem Material können Gebäude, Mauern und Straßen entstehen.

Lösung: 19, 20, 5, 9, 14, 5

2. Rätsel

1. Du kannst uns in Wäldern, auf Wiesen und Weiden entdecken.
2. Obwohl wir Pflanzen sind, fehlt uns das Blattgrün.
3. Viele von uns leben vom Holz abgestorbener Bäume.
4. Manche von uns können giftig sein.
5. Wir dürfen nur von fachkundigen Sammlern gepflückt werden.
6. Viele von uns tragen einen recht auffälligen Hut.

Lösung: 16, 9, 12, 26, 5

3. Rätsel

1. Du kannst viele von uns auf Wiesen, Weiden und Grasplätzen entdecken.
2. Ich bin ein bekannter Korbblütler.
3. Ich habe einen grünen Stängel und spatelförmige Blätter.
4. Mein Blütenkörbchen besteht aus weißen Randblüten und einem dottergelben Köpfchen.
5. Manche Leute mögen meinen nussartigen Geschmack und essen mich sogar als Salat.
6. Ich werde auch Maßliebchen und Tausendschön genannt.

Lösung: 7, 1, 5, 14, 19, 5, 2, 12, 21, 5, 13, 3, 8, 5, 14

4. Rätsel

1. Du kannst mich in Gärten, Wäldern und Wiesen finden.
2. Ich kann kriechen und fliegen.
3. Meine Körperform sieht wie eine Halbkugel aus.
4. Vögel meiden mich, weil ich einen übel schmeckenden gelben Saft ausscheide.
5. Da ich Blattläuse fresse, bin ich sehr nützlich für den Pflanzenschutz.
6. Viele von uns haben auf ihrer Flügeldecke schwarze Punkte.

Lösung: 13, 1, 18, 9, 5, 14, 11, 1, 5, 6, 5, 18

5. Rätsel

1. Du kannst mich in Mischwäldern oder Parkanlagen antreffen.
2. Ich werde sehr groß und mindestens 500 Jahre alt.
3. Ich bin ein mächtiger Laubbaum mit einer auffällig rissigen Borke.
4. Aus meinem harten Holz baut der Schreiner wertvolle Möbel.
5. Meine Blätter sind gelappt und meine Nussfrüchte sammeln viele Tiere im Herbst.
6. Das Eichhörnchen und der Eichelhäher tragen meinen Namen.

Lösung: 5, 9, 3, 8, 5

6. Rätsel

1. Ich bin die Frucht eines Laubbaums, der vorwiegend in Parks und Alleen steht.
2. Für Menschen bin ich unbekömmlich oder giftig.
3. Im Herbst schüttelt mich der Wind vom Baum.
4. Wenn ich auf den Boden falle, platzt meistens die stachelige Kapsel auf.
5. Zum Spielen und Basteln sammeln Kindern gerne meine Frucht vom Boden auf.
6. Du erkennst meine Frucht an der rotbraunen Farbe und an dem weißgrauen Fleck.

Lösung: 18, 15, 19, 19, 11, 1, 19, 20, 1, 14, 9, 5

7. Rätsel

1. Du kannst uns zahlreich im Wald entdecken.
2. Wir sind schwarz oder rotbraun aussehende Insekten.
3. Um zu überleben, halten wir uns in einer Gruppe mit einer strengen Ordnung auf.
4. Wollen wir uns verständigen, können wir einerseits einen Duftstoff produzieren und anderseits uns gegenseitig mit den Fühlern betasten.
5. Da uns die Blattläuse mit ihrem Honigtau versorgen, schützen wir sie vor ihren natürlichen Feinden, den Marienkäfern.
6. Aus Pflanzenmaterial bauen wir hohe Nesthügel.

Lösung: 18, 15, 20, 5, 23, 1, 12, 4, 1, 13, 5, 9, 19, 5

8. Rätsel

1. Du findest mich vorwiegend in Gärten und Parks, aber auch an Waldrändern.
2. Ich bin eine große Frucht eines dir sicherlich bekannten Obstbaums.
3. Scheint die Sonne lange auf mich herab, färben sich meine Bäckchen rot.
4. Wenn ich auf den Boden falle, verfaule ich mit der Zeit.
5. Ich schmecke entweder süß und saftig oder eher etwas säuerlich.
6. Wenn du mich halbierst, kannst du mein Kerngehäuse sehen.

Lösung: 1, 16, 6, 5, 12

9. Rätsel

1. Ich bin ein feuchtigkeitsbedürftiges, schmutzigrotes Tierchen und halte mich vorwiegend unter der Erde auf.
2. Vögel, Igel, Kröten und Maulwürfe gehören zu meinen Feinden.
3. Unter der Erde grabe ich tiefe Gänge und lockere dabei den Boden auf.
4. Ich ernähre mich von verrotteten Pflanzenresten, die ich in meine Gänge ziehe.
5. Das, was ich ausscheide, ist eine ausgezeichnete Humuserde, die viele Nährstoffe für Pflanzen enthält.
6. Wenn es regnet, kannst du uns draußen in Scharen herumkriechen sehen.

Lösung: 18, 5, 7, 5, 14, 23, 21, 18, 13

10. Rätsel

1. Du kannst mich im Haus und in der Natur beobachten.
2. Menschen müssen mit mir sparsam umgehen.
3. Du brauchst mich täglich.
4. Ich bin durchsichtig und geschmacklos.
5. Ohne mich kann kein Lebewesen existieren.
6. Im Winter, wenn es draußen sehr kalt ist, gefriere ich und werde zu hartem Eis.

Lösung: 23, 1, 19, 19, 5, 18

11. Rätsel

1. Wir hängen von den immergrünen Zweigen eines bekannten Waldbaums herunter.
2. Der Baum, zu dem ich gehöre, wird auch Rottanne genannt.
3. Im Herbst fallen wir als Ganzes auf den Waldboden herunter.
4. Wir haben eine längliche Form und viele Schuppen.
5. In den Schuppen sitzen jeweils zwei Samen.
6. Knabbern Waldmäuse und Eichhörnchen an uns herum, hinterlassen sie deutliche Fraßspuren.

Lösung: 6, 9, 3, 8, 20, 5, 14, 26, 1, 16, 6, 5, 14

12. Rätsel

1. Ich wachse im Wald.
2. Mein grünes Polster fühlt sich weich an.
3. Viele Tiere verwenden mein Pflanzenmaterial für ihren Nestbau.
4. Obwohl ich eine unscheinbare Pflanze bin, leiste ich viel für den Waldboden.
5. Wenn es regnet, sauge ich wie ein Schwamm das Wasser auf, sodass der Waldboden nicht weggeschwemmt wird.
6. Wenn es heiß ist, versorge ich den Waldboden mit meinem gespeicherten Wasser.

Lösung: 13, 15, 15, 19

Anregungen für Naturerlebnisse im Haus

8 verschiedene Möglichkeiten für Naturerfahrungen in der Einrichtung oder zu Hause

Ohne Naturerlebnisse ist eine Erziehung zu umwelt- und naturbewusstem Verhalten unmöglich. Doch welche Stadtkinder können heutzutage noch spontan die Natur entdecken?
Aufgrund der vielen Einschränkungen sind immer mehr Einrichtungen und engagierte Eltern bemüht, die Kinder auch im Haus mit den Geschehnissen in der Natur vertraut zu machen. Zum einen werden Fragen der Kinder rund um die Natur aufgegriffen und in den geschlossenen Räumen lebendig bearbeitet. Zum anderen werden aber auch Naturerfahrungsspiele, Lieder, Fingerspiele, Klanggeschichten und kleine Experimente dafür genutzt, das Wissen der Kinder zu vertiefen und zu erweitern.
Wenn wir ernsthaft wollen, dass Kinder ein Grundgefühl für die Natur entwickeln, dann müssen wir dafür sorgen, dass sie einen Bezug zur Natur aufbauen können. Denn erst durch die eigenen Erfahrungen und Erlebnisse wächst die Bereitschaft, sich für den Erhalt und Schutz der Natur einzusetzen. Aus diesem Grund müssen wir die Natur auch ins Haus holen. Dabei können ähnlich wie im Außenbereich verschiedene Freiflächen für Naturerlebnisbereiche geschaffen werden, an deren Gestaltung Kinder und Eltern aktiv beteiligt sind.

Wenn wir die Natur ins Haus holen, vertiefen wir den Bezug, den Kinder zu ihr aufbauen.

Mit den Schätzen der Natur kann in allen Jahreszeiten gebastelt, gespielt und dekoriert werden. Wenn Kinder eine solche Jahreszeitenecke immer wieder neu gestalten, wächst ihr Verständnis für natürliche Abläufe und Zusammenhänge.

Wie solche Naturerlebnisbereiche aussehen können und was sie letztendlich beim Kind bewirken, wird in diesem Kapitel beschrieben. Die aufgeführten Beispiele haben sich in der Praxis bewährt und sind als Anregungen zu verstehen.

Die naturbezogene Bauecke

Naturgegenstände, die Kinder im Freien finden, fördern das kreative Spiel in der Bauecke. Denn im Gegensatz zu den teuren Konstruktionsmaterialien, die häufig wenig Anwendungsmöglichkeiten für verschiedene Kombinationen bieten und deshalb deutlich schneller zu Lustlosigkeit führen, wird die Fantasie im Umgang mit den zweckfreien Naturgegenständen intensiv angeregt. Die unerschöpflichen Möglichkeiten, die sich beim Spielen mit Kastanien, Kieselsteinen, Rindestückchen, abgesägten Baumscheiben etc. ergeben, fordern Kinder im besonderen Maße heraus. Sie sind vertieft, entwickeln ständig neue Ideen, erforschen selbstständig ihre Grenzen und spielen harmonisch miteinander.

Mit Naturmaterialien ausgestattete Bastelecke

Zu Hause und in der Einrichtung basteln Kinder sehr gerne mit allerlei Naturmaterialien, die sie draußen finden können. Indem die Kinder selbstständig die Naturprodukte zum Basteln heranschaffen, lernen sie auch die Dinge kennen, die sie draußen nur zu einer bestimmten Jahreszeit entdecken können. So haben Kinder eine besondere Freude daran, wenn sie beispielsweise im Herbst ihre eigenen Bastelideen mit Kastanien, Stroh und Walnüssen umsetzen können. Dadurch, dass die Bastelecke mit den Naturgegenständen der jeweiligen Jahreszeit bereichert wird, erleben die Kinder die Vielfalt der Natur, die sie zudem in ihren fertigen Werken wiederfinden können.

Der Holzwerkbereich

Für den Holzwerkbereich werden kostenloses Abfallholz aus der Schreinerei oder dem Baumarkt sowie geeignete Rindenstücke, Baumscheiben, Astgabeln aus dem Wald benötigt. Zum Sägen, Schleifen, Leimen, Verkleben etc. werden auch Werkzeuge, Arbeitshandschuhe, Arbeitstische bzw. Werkbänke gebraucht.

Wurden die Kinder mit dem sachgemäßen Umgang des Werkzeugs vertraut gemacht, dann können sie je nach Alter und Entwicklungsstand entweder nach ihren eigenen Ideen oder nach konkreten Anweisungen werken. Neben den manuellen Fähigkeiten, die durch das Werken gefördert werden, erhalten die Kinder die Möglichkeit, verschiedene Bauideen auszuprobieren und dabei Erfahrungen zu sammeln.

Der »Inselraum« zum Träumen

Ein leerer, unscheinbarer Raum kann mit etwas Fantasie in einen kleinen, mit beruhigenden Farben und einfachen Mitteln ausgestatteten »Inselraum« verwandelt werden.

Ob mit offenen oder geschlossenen Augen – die Kinder fühlen sich sehr wohl, wenn sie beispielsweise in einer Hängematte liegen, in den mit einer Lichterkette dekorierten Sternenhimmel blicken, einen angenehmen Duft riechen und sich vielleicht noch von einer leise erklingenden Entspannungsmusik mit Meeresrauschen treiben lassen dürfen. Neben diesen oder anderen Sinneserfahrungen könnten im Raum zum Träumen und Verweilen aber auch Palmen, Sand und Muscheln vorhanden sein.

Die Sand-Wasser-Ecke

Sand- und Wasserspiele begeistern alle Kinder. Damit solche Spiele bei jedem Wetter möglich sind, kann ein kindgerecht verarbeiteter Sand- und Wassertisch mit einer möglichst abnehmbaren Kunststoffwanne in einer ungenutzten Ecke des Wasch- und Toilettenbereichs aufgestellt werden. Ein solcher Tisch kann entweder im Handel bezogen oder von handwerklich begabten Eltern hergestellt werden. Spielspaß garantieren auch gesammelte Naturgegenstände, wie Steine und Muscheln, mit denen Kinder u.a. vergängliche Muster in die mit Sand halb gefüllte Wanne drücken können. Wird statt Sand etwas Wasser ins Becken gefüllt, dann können die Naturgegenstände auch zum Gestalten eines Meeresgrunds genutzt werden. Um die Sand- und Wasserecke zu erweitern, bietet sich zudem »AquaPlay« an, dessen Kanalsystem aus wasserdicht zusammengefügten Einzelteilen besteht und dessen Spielmöglichkeiten u.a. durch Schleusen, Wasserräder und Wasserpumpen erweitert werden können. Die Kinder haben sicherlich große Freude daran, die Bahn zu konstruieren, mit Wasser zu füllen und ihre aus Rindenstücken oder Korken gebastelten Schiffchen schwimmen zu lassen. (Zu beziehen im Spielzeug-Fachhandel.)

Die Jahreszeitenecke

Gesammelte Kostbarkeiten aus der Natur, die in einer Raumecke auf einem Tisch stehen, an der Wand und von der Decke hängen, sensibilisieren Kinder für den Wechsel der Jahreszeiten und die damit verbundenen Veränderungen in der Natur. Dadurch, dass die Kinder die Raumecke entsprechend der jeweiligen Jahreszeit immer wieder neu gestalten, lernen sie auch den ewigen Kreislauf des Werdens und Vergehens bewusster wahrzunehmen sowie die Geschehnisse innerhalb der einzelnen Jahreszeiten besser zu begreifen.

Eine weitere Möglichkeit sind Jahreszeitentische, dekoriert mit jahreszeitgemäßen Stofffarben sowie Pflanzen und Naturgegenständen entsprechend der jeweiligen Jahreszeit, wie sie vorwiegend in den Waldorfkindergärten zu finden sind.

Das Gärtchen auf der Fensterbank

Auf der Fensterbank der Küche oder des Gruppenraums zu erleben, wie die ausgesäten Samen sich in den mit Erde gefüllten Tontöpfen bis zu fertigen Pflanzen entwickeln, ist für alle Kinder sehr interessant. Durch die Gartenarbeit im Raum lernen Kinder kleine Lebensräume zu schaffen und verantwortungsbewusst mit etwas Lebendigem umzugehen. Dabei erfahren die Kinder auch, wann und wie beispielsweise selbst gezogene Bohnen geerntet und weiterverarbeitet werden. Außerdem vermitteln die Beobachtungen und Erfahrungen, die

Kinder jederzeit durch ihren Garten im Raum machen können, wichtige Erkenntnisse über die Herkunft unserer Nahrung. Neben kleinen Kräuter- und Gemüsegärten können Kinder im Raum zudem Blumen ziehen und dabei das Pflanzenwachstum erleben. Sind die farbenprächtigen Blumen im Raum zu sehen, freuen sich die Kinder über den Erfolg!

Winzlinge im Aquarium beobachten

Das Beobachten von kleinen Lebewesen ist in der freien Natur nur bedingt möglich. Sollen die Verhaltensweisen und Lebensgewohnheiten der kleinen Tierchen genauer erforscht werden, dann eignet sich beispielsweise ein leeres Aquarium oder größeres Glas, das an einem hellen, aber nicht zu stark sonnenbeschienenen Platz steht und mit den Dingen, die zu dem natürlichen Lebensraum der Winzlinge gehören, ausgestattet wird. Durch das durchsichtige Glas können die Kinder dann hervorragend beobachten, wie beispielsweise ein Regenwurm sich durch die Erde gräbt und das Laub immer weniger wird.

Anmerkung:
Sollen kleine Tierchen einige Zeit in den geschlossenen Räumen beobachtet werden, dann muss dafür Sorge getragen werden, dass sie gute Lebensbedingungen vorfinden und nach einiger Zeit wieder unversehrt in der Natur ausgesetzt werden. Außerdem sollten die Kinder in der Lage sein, behutsam mit den Tierchen umzugehen.

Anhang

Lösungen der Naturrätsel

1	Steine
2	Pilze
3	Gänseblümchen
4	Marienkäfer
5	Eiche
6	Rosskastanie
7	Rote Waldameise
8	Apfel
9	Regenwurm
10	Wasser
11	Fichtenzapfen
12	Moos

Spieleregister mit Förderverzeichnis

Alle Ideen dieses Buches bieten Spielspaß und eine spannende Begegnung mit der Natur in all ihren Erscheinungsformen. Zusätzlich fördern und unterstützen die Spiele die folgenden Bereiche:

Auf einem Baumstamm balancieren
Seite 22
Balance, Konzentration, Körpergeschicklichkeit, Selbstbewusstsein

Bäume sind voller Leben
Seite 31
Visuelle Wahrnehmung, Entdeckungsfreude, Kennenlernen von Bäumen und ihrem Umfeld, Sensibilität dem natürlichen Lebensraum gegenüber

Das Eichhörnchen-Lauschspiel
Seite 30
Hörwahrnehmung, Stilleerfahrung, Konzentration, Ausdauer

Das große Frage-Legespiel
Seite 70
Vorstellungsvermögen, Raum- und Gewichtsempfinden, Entdeckungsfreude, Konzentration, Wahrnehmungsvermögen

Das kleine Bienchen
Seite 79
Siehe Fingerspiele

Das kostbare Wasser transportieren
Seite 44
Feinmotorik, Körpergeschicklichkeit, Konzentration, Ausdauer, Umweltverständnis, Gemeinschaftsgefühl

Das Kuckucksei im fremden Nest
Seite 28
Hörwahrnehmung, Konzentration, Kennenlernen des Verhaltens des Kuckucks

Das Obstbaum-Zuordnungsspiel
Seite 26
Tastsinn, Empfindungswahrnehmung, Bewegung, Kennenlernen von Obstbäumen

Das Tausendfüßler-Pfützenspiel
Seite 57
Empfindungswahrnehmung, Vorstellungsvermögen, Zusammengehörigkeits- und Gemeinschaftsgefühl, Vertrauen

Das Wasser spüren
Seite 34
Empfindungswahrnehmung, Kommunikation (Wortschatzerweiterung, Sprechförderung, Austausch in der Gruppe)

Das weiche Moos
Seite 21
Empfindungswahrnehmung, Geduld, Konzentration

Das Wetterhahnspiel
Seite 49
Bewegung, Reaktionsschnelligkeit, Beobachtungsgabe

Das Wetter-Ratespiel
Seite 52
Kommunikation (Wortschatzerweiterung, Sprechförderung, Austausch in der Gruppe), vernetztes Denken, Kombinationsgabe, Fantasie

Das Wildschwein und die Eicheln
Seite 25
Körpergeschicklichkeit, Konzentration, Beobachtungsgabe

Das Zitronenfalter-Kältestarrespiel
Seite 26
Bewegung, Reaktionsschnelligkeit, Körperbeherrschung, Hörempfindung, Konzentration, Kennenlernen von Verhaltensweisen von Tieren im Winter

Den ältesten Baum finden
Seite 27
Konzentration, Ausdauer, visuelle Wahrnehmung, Entdeckungsfreude, Zählfähigkeit

Den Regen mit allen Sinnen erleben
Seite 54
Empfindungs- und Hörwahrnehmung, Stilleerfahrung, Beobachtungsgabe

Der kurze Regenschauer
Seite 76
Siehe Fingerspiele

Der verborgene Naturschatz
Seite 72
Visuelles Vorstellungsvermögen, Fantasie, Kombinationsgabe, Wortschatzerweiterung, Zusammengehörigkeits- und Gemeinschaftsgefühl

Der Wechsel der Jahreszeiten
Seite 78
Siehe Fingerspiele

Der Wind trägt die Blätter fort
Seite 46
Reaktionsschnelligkeit, Konzentration, Gedächtnistraining, Gemeinschaftsgefühl

Die bunte Herbstzeit
Seite 65
Siehe Klanggeschichten

Die Erscheinungsformen des Windes
Seite 48
Darstellerischer Ausdruck, Bewegung, Reaktionsschnelligkeit, Körpergeschicklichkeit, Konzentration, Wortschatzerweiterung

Die Farben des Regenbogens suchen
Seite 51
Visuelle Wahrnehmung, Entdeckungsfreude, Kennenlernen der Regenbogenfarben

Die Fortbewegungsarten von Wassertieren
Seite 36
Motorik, Körpergeschicklichkeit, Kennenlernen von Wasserinsekten

Die fröhliche Sommerzeit
Seite 64
Siehe Klanggeschichten

Die Honigbiene auf der Blumenwiese
Seite 27
Vertrauen, Feinmotorik, Gleichgewichtssinn, behutsamer Umgang mit Pflanzen

Die kleine Schnecke und der große Berg
Seite 76
Siehe Fingerspiele

Die lebendige Frühlingszeit
Seite 62
Siehe Klanggeschichten

Die Schmatzgeräusche des Igelchens
Seite 32
Hörwahrnehmung, Konzentration, Ausdauer, Kennenlernen von Gewohnheiten der Igel

Die Sonne schmelzt das Eis
Seite 53
Bewegung, Körpergeschicklichkeit, Empfindungswahrnehmung, Zusammengehörigkeitsgefühl, Kontaktfähigkeit, Verständnis für physikalische Zusammenhänge

Die stille Winterzeit
Seite 67
Siehe Klanggeschichten

Die Tarnung der Krabbenspinne
Seite 30
Bewegung, Reaktionsschnelligkeit, Konzentration, Kennenlernen von Tiertarnungen

Die Wald-Wiesen-Schneeballschlacht
Seite 58
Bewegung, Körpergeschicklichkeit, Augen-Hand-Koordination, Zusammengehörigkeits- und Gemeinschaftsgefühl

Die Walnuss im Schnee finden
Seite 58
Konzentration, Ausdauer, visuelle Wahrnehmung, Kombinationsgabe, Entdeckungsfreude

Die Windbrise spüren
Seite 50
Empfindungswahrnehmung, Atemwahrnehmung, Merkfähigkeit, Stilleerfahrung, Wortschatzerweiterung, Vertrauen

Domino aus Blättern
Seite 73
Visuelle Wahrnehmung, Kombinationsgabe, Kennenlernen verschiedener Blattarten

Eine detaillierte Beschreibung abgeben
Seite 42
Visuelle Wahrnehmung, Entdeckungsfreude, Gedächtnistraining, Kommunikation (Wortschatzerweiterung, Sprechförderung, Austausch in der Gruppe), Umgang mit Kescher und Lupe, Verantwortungsbewusstsein, Sensibilität gegenüber Kleinstlebewesen, Kennenlernen von Wassertieren und Uferpflanzen

Ein Platz unter meinem Schirm ist leer
Seite 53
Bewegung, Reaktionsschnelligkeit, darstellerischer Ausdruck, Gemeinschafts- und Zugehörigkeitsgefühl

Ein Versteck suchen
Seite 35
Empfindungswahrnehmung, Motorik, Zugehörigkeitsgefühl

Erde oder Luft?
Seite 22
Konzentration, Bewegung, Reaktionsschnelligkeit, Gleichgewichtssinn, Kennenlernen von Tieren und ihren Bewegungsformen

Fingerspiele
Seite 76–79
Hand- und Fingergeschicklichkeit, Feinmotorik, darstellerischer Ausdruck, Rhythmusgefühl, Teamarbeit, Kontaktfähigkeit, Zusammengehörigkeits- und Gemeinschaftsgefühl, Wortschatzerweiterung, Kreativität, Fantasie, Erfindungsgabe, Vorstellungskraft, Gedächtnistraining und Merkfähigkeit

Fischer, welche Fische angelst du?
Seite 39
Bewegung, Wortschatzerweiterung, Merkfähigkeit, Konzentration, Zugehörigkeits- und Gemeinschaftsgefühl

Fröschchen, Fröschchen, bleibe stehen!
Seite 41
Körpergeschicklichkeit, Reaktionsschnelligkeit, Konzentration

Frösche fangen Fliegen
Seite 35
Bewegung, Reaktionsschnelligkeit, Gleichgewichtssinn, Ausdauer

Fuchs und Hase
Seite 21
Bewegung, Reaktionsschnelligkeit, Gemeinschaftsgefühl

Hilfe, ein Raubfisch!
Seite 38
Bewegung, Reaktionsschnelligkeit, Wortschatzerweiterung, Gleichgewichtssinn, Kennenlernen des Hechtes und seiner Beutetiere

Hindernisse, die den Wasserlauf hemmen
Seite 37
Entdeckungsfreude, Umweltverständnis

Hör mal, wer da quakt
Seite 36
Hörwahrnehmung, darstellerischer Ausdruck, vernetztes Denken, Kombinationsgabe

Ich bin eine Katze und wer bist du?
Seite 29
Bewegung, Reaktionsschnelligkeit, Merkfähigkeit

Im oder über dem Wasser?
Seite 44
Bewegung, Reaktionsschnelligkeit, Konzentration, Kennenlernen des Lebensraums von verschiedenen Tieren

Im Schneckentempo die Natur erkunden
Seite 24
Visuelle Wahrnehmung, Entdeckungsfreude, Stilleerfahrung, Konzentration, Merkfähigkeit

Keine Angst vor dem Gewitter!
Seite 56
Körpergeschicklichkeit, Balance, Verständnis für die Vorgänge bei Blitz und Donner

Kein Stein gleicht dem anderen
Seite 20
Visuelle Wahrnehmung, Konzentration, Ausdauer, Entdeckungsfreude, Wissenserweiterung

Kieselsteinbilder
Seite 43
Kreativer Ausdruck, Fantasie, Kommunikation (Wortschatzerweiterung, Sprechförderung, Austausch in der Gruppe), Sensibilität kreativen Werken gegenüber

Klanggeschichten
Seite 62–68
Hörwahrnehmung, Wortschatzerweiterung, Körpergeschicklichkeit, darstellerischer Ausdruck Entdeckungsfreude, Selbstwertgefühl, Kreativität, Rhythmusgefühl, Fantasie, Teamarbeit, Kennenlernen typischer Erscheinungen der vier Jahreszeiten

Klitsch, klatsch – Regenspaß!
Seite 78
Siehe Fingerspiele

La-ub
Seite 73
Visuelle Wahrnehmung, Konzentration, Reaktionsschnelligkeit

Lebensraum »Flachlandbach«
Seite 42
Visuelle Wahrnehmung, Entdeckungsfreude, Sensibiltiät gegenüber Kleinstlebewesen, Kennenlernen der Bachlandschaft und den dazugehörigen Lebewesen, Umgang mit Kescher und Lupe

Luft zufächern
Seite 46
Empfindungswahrnehmung, Ausdauer, Stilleerfahrung, Gemeinschaftsgefühl

Mein Naturgegenstand
Seite 20
Visuelle Wahrnehmung, Kommunikation (Wortschatzerweiterung, Sprechförderung, Austausch in der Gruppe), Entdeckungsfreude, Kennenlernen von Pflanzen und Naturgegenständen sowie unterschiedlichen Vorlieben

Memory mit Naturgegenständen
Seite 70
Konzentration, Erinnerungsvermögen, Entdeckungsfreude, Ausdauer

Tiere im und in der Nähe vom Wasser
Seite 40
Motorik, Körpergeschicklichkeit, Beobachtungsgabe, Kontaktaufnahme, Wortschatzerweiterung, darstellerischer Ausdruck, Kennenlernen von Tieren und ihren Fortbewegungsarten

Trageast
Seite 72
Visuelle Wahrnehmung, Konzentration, Körpergeschicklichkeit, Feinmotorik, Ausdauer

Vorsicht, ein Moskito!
Seite 40
Bewegung, Reaktionsschnelligkeit, Beobachtungsgabe, Zugehörigkeits- und Gemeinschaftsgefühl

Was machen die Mäuschen?
Seite 77
Siehe Fingerspiele

Was macht der Wind mit den Blättern?
Seite 48
Empfindungswahrnehmung, Standfestigkeit, Balance, Konzentration, Gewichtsempfinden, Verständnis für natürliche Abläufe

Was passt in die Fruchthülle?
Seite 25
Visuelle Wahrnehmung, räumliches Denken, Entdeckungsfreude

Was schwimmt auf dem Wasser?
Seite 34
Gewichtsempfinden, Verständnis für die Tragfähigkeit des Wassers und deren Bedingungen, Experimentierfreude

Was ziehe ich an?
Seite 52
Gedächtnistraining, Konzentration, Wortschatzerweiterung

Welche Eigenschaft findest du?
Seite 21
Empfindungswahrnehmung, Kommunikation (Wortschatzerweiterung, Sprechförderung, Austausch in der Gruppe), Entdeckungsfreude

Wenn es kalt wird, wärme mich!
Seite 47
Bewegung, Reaktionsschnelligkeit, Aufmerksamkeit, Vertrauen, Kontaktfähigkeit, Zusammengehörigkeitsgefühl

Wie fest ist das Eis?
Seite 59
Gewichtsempfinden, Einschätzungsvermögen, Entdeckungsfreude

Wie weit ist das Gewitter von uns entfernt?
Seite 55
Konzentration, darstellerischer Ausdruck, Verständnis für Gewitter

Wo ist der Artgenosse?
Seite 38
Hörwahrnehmung, darstellerischer Ausdruck, Zugehörigkeitsgefühl

Wo sind die Bucheckern?
Seite 24
Gedächtnistraining, Konzentration, Kombinationsgabe, Ausdauer

Wo wohnen die Tiere?
Seite 28
Entdeckungsfreude, Beobachtungsgabe, Kennenlernen von Tierbehausungen

Zicke-Zacke-Hühnerkacke
Seite 74
Visuelle Wahrnehmung, Konzentration, Reaktionsschnelligkeit

Zum See watscheln
Seite 34
Motorik, Zusammengehörigkeitsgefühl, Kennenlernen des Verhaltens von Enten

Literaturhinweise

Bergmann, Heide/Böhring, Ursel/Groß, Andrea: *Kleine grüne Wunder*. Verlag Herder, Freiburg 1996.

Bezdek, Ursula/Bezdek, Monika/Bezdek, Petra: *Kinder in ihrem Element. Sinnliches Erleben von Feuer und Wasser, Erde und Luft*. Don Bosco Verlag, München 2000.

Brandt, Petra Maria: *Das muss draußen herrlich sein. Wind- und Wetterspiele für Kindergarten und Hort*. Lambertus-Verlag, Freiburg im Breisgau 1997.

Cornell, Joseph: *Mit Kindern die Natur erleben*. Verlag an der Ruhr, Mühlheim erw. Ausg. 1999.

Cornell, Joseph: *Mit Freude die Natur erleben. Naturerfahrungsspiele für alle*. Verlag an der Ruhr, Mühlheim 1999.

Erkert, Andrea: *Kinder brauchen Stille. Entspannungsspiele für Frühling, Sommer, Herbst und Winter*. Don Bosco Verlag, München 2000.

Fritz, Jürgen: *Meditations- und Wahrnehmungsspiele in der Natur. Spielketten für Kinder und junge Erwachsene*. Grünewald Verlag, Mainz 1998.

Gerlach, Christine: *Natur erkunden, Natur schützen. Die große Ideen- und Projektkiste für Kinder*. Verlag an der Ruhr, Mühlheim 1999.

Grindt, Susanne (Hrsg.): *Basteln mit Naturmaterialien für Kinder ab 4 Jahren*. Bassermann'sche Verlagsbuchhandlung, Niedernhausen/Ts. 1996.

Hoffmann, Andreas: *Das Junior-Becherlupen-Experimentierbuch. Wissen, Spielen und Spaß mit den Minimonstern (Ab 4 J.)*. Edition moses, Kempten 1999.

Hielscher, Andrea: *Wahrnehmungsspiele im Wald für 3–12-Jährige*. Grünewald-Verlag, Mainz 2001.

Höhere Forstbehörde (Hrsg.): *Walderlebnisspiele. Mit Märchen und Detektivspielen den Wald entdecken*. Verlag an der Ruhr, Mühlheim 1997.

Hubauer, Herta/Klingesberger, Andrea: *Der gelbrote Kürbis*. Pattloch Verlag, Augsburg 2000.

Hufmann, Sabine/Hufmann, Susanne: *Bäume sind Freunde. Naturmeditationen mit Kindern*. Kösel-Verlag, München 1998.

Hufmann, Sabine/Hufmann, Susanne: *Blumen der Sonne. Naturmeditationen mit Kindern*. Kösel-Verlag, München 1997.

Institut für Bildung und Entwicklung (Hrsg.): *Naturerfahrung im Kindergarten. Grundlagen, Ideen und Projekte*. Don Bosco Verlag, München 2000.

Kalff, Michael: *Naturmeditation für Kinder und Eltern*. Verlag Herder, Freiburg 1998.

Kötteritz, Werner: *Ringel-Rangel-Regenwurm. Songs für Kids über die Natur. Liederbuch*. Klettermax-Verlag, Iserlohn 1999.

Krekeler, Hermann: *Spannende Experimente. Naturwissenschaft spielerisch entdecken (Ab 6 J.)*. Ravensburger Buchverlag, Ravensburg 2000.

Lutz, Erich/Netscher, Michael: *Handbuch ökologischer Kindergarten. Kindliche Erfahrungsräume neu gestalten*. Hrsg. v. Bund f. Umwelt und Naturschutz Deutschland (Bund). Verlag Herder, Freiburg 1998.

Neumann, Burkhard/Neumann, Antje. *Waldfühlungen*. Ökotopia-Verlag, Münster 1999.

Oberholzer, Alex/Lässer, Lore: *Gärten für Kinder. Naturnahe Schul- und Familiengärten*. Ulmer, Stuttgart, 3. überarbeitete Auflage 1995.

Pieper, Anne: *Draußen ist was los. Sammeln, Spielen, Basteln unter freiem Himmel*. Falken-Verlag, Niederhausen/Ts. 2000.

Saudhof, Kathrin/Stumpf, Brigitta: *Mit Kindern in den Wald. Wald-Erlebnis-Handbuch.* Ökotopia Verlag, Münster 1998.

Stöcklin-Meier, Susanne: *Natur-Spielzeug. Spiele und Bastelideen mit der Natur für Kinder zwischen 3 und 9 Jahren.* Ravensburger Buchverlag, Ravensburg Neuauflage 2000.

Stöcklin-Meier, Susanne: *Unsere Welt ist bunt! Mit Geschichten, Versen und Spielen die Farben entdecken.* Kösel, München 2001.

Straaß, Veronika: *Natur erleben das ganze Jahr. Entdecken, beobachten, verstehen.* BLV Verlagsgesellschaft, München Neuauflage 2000.

Musiktipps

Ensemble Fünf: *Was müssen das für Bäume sein ... Kanons für Kinder.* Hörkassette oder CD. Patmos Verlag, Düsseldorf 2000.

Kötteritz, Werner & Flanz, Otto: *Ringel-Rangel-Regenwurm. Songs für Kids über die Natur.* Hörkassette oder CD. Klettermax-Verlag, Iserlohn 1999.

Kreusch-Jakob, Dorothee: *Lieder von der Natur.* Hörkassette oder CD. Patmos Verlag, Düsseldorf 1990.

Lenz, Angela: *Wissen für Kinder: Pflanzen.* Hörkassette oder CD. Karussell (Family & Entertainment), Hamburg 2001.

Stöcklin-Meier, Susanne: *Unsere Welt ist bunt! Geschichten und Musik aus dem Regenbogenland.* CD. Kösel, München 2002.

Thors: *Pure Nature. Nature Sounds for Relaxation and Meditation.* Neptun Music GmbH, München 1997.

Thors: *Sounds of Nature. Instrumental Music for Relaxing and Meditation.* Neptun Music GmbH, München 1994.

Die Autorin

ANDREA ERKERT,
Jahrgang 1967, staatlich anerkannte Erzieherin und Entspannungspädagogin, verfügt über mehrjährige Berufserfahrung als Kindergartenleiterin. Sie ist Autorin verschiedener Publikationen und bietet zahlreiche Workshops u.a. zu den Themen Naturerlebnisse, Entspannung und Bewegungsspiele mit Kindern für Eltern und PädagogInnen im In- und Ausland an. Nähere Informationen zu den einzelnen Workshops können unter der folgenden Adresse angefordert werden:

Andrea Erkert
Gottlieb-Daimler-Str. 2, 71522 Backnang

Bitte 1,53 € in Briefmarken für Informationsmaterial beilegen.

Danksagung

Herzlichen Dank sagen möchte ich den Kindern, meiner Schwester Birgit Erkert und ihrer Kollegin Marika Huber, die sich mit viel Freude fotografieren haben lassen.
Besonders danken möchte ich auch den Erzieherinnen und Eltern des städtischen Kindergartens Leonberger Straße in Ludwigsburg/Remseck unter der Leitung von Waltraud Baumbusch, die begeistert das Projekt unterstützt haben.